首都圏版㉝ **類似問題で効率のよい志望校対策を!**

東京学芸大学附属
世田谷小学校

ステップアップ問題集

2022
年度版

志望校の出題傾向・意図をおさえた豊富な類似問題で合格後の学習にも役立つ力が身に付く!!

●すぐに使える **プリント式!**　●全問 **アドバイス付!**

全30問収録!

必ずおさえたい問題集

東京学芸大学附属世田谷小学校

お話の記憶	お話の記憶問題集 中級編・上級編
巧緻性	Ｊｒ・ウォッチャー51「運筆①」52「運筆②」
常識	Ｊｒ・ウォッチャー34「季節」
常識	Ｊｒ・ウォッチャー56「マナーとルール」
口頭試問	新口頭試問・個別テスト問題集

日本学習図書 ニチガク

ニチガクの家庭学習支援

Web学習サポートサービス

こんなこと…ありませんか?

「ニチガクの問題集…買ったはいいけど、、、
この問題の教え方がわからない（汗）」

メールでお悩み解決します!

- ☆ホームページ内の専用フォームで必要事項を入力!
- ☆教え方に困っているニチガクの問題を教えてください!
- ☆確認終了後、具体的な指導方法をメールでご返信!
- ☆全国どこでも! スマホでも! ぜひご活用ください!

<質問回答例>

学習のポイント

推理分野の学習では、後の学習に活きる思考力を養うことができます。ご家庭で指導する場合にも、テクニックにたよらず、保護者の方が先に基本的な考え方を理解した上で、お子さまによく考えさせることを大切にして指導してください。

Q.「お子さまによく考えさせることを大切にして指導してください」と学習のポイントにありますが、考える習慣をつけさせるためには、具体的にどのようにしたらいいですか？

A. お子さまが考える時間を持てるように、質問の仕方と、タイミングに工夫をしてみてください。
たとえば、「答えはあっているけど、どうやってその答えを見つけたの」「答えは○○なんだけど、どうしてだと思う？」という感じです。はじめのうちは、「必ず30秒考えてから手を動かす」などのルールを決める方法もおすすめです。

まずは、ホームページへアクセスしてください!!

http://www.nichigaku.jp　日本学習図書　検索

目指せ！合格！

家庭学習ガイド
東京学芸大学附属世田谷小学校

ペーパー　巧緻性　口頭試問　行動観察　運動

入試情報

応募者数：男子 650 名／女子 583 名

出題形態：ペーパー・ノンペーパー

面　　接：なし（口頭試問、保護者アンケートあり）

出題領域：ペーパー（お話の記憶・図形・模写　など）、
行動観察、巧緻性、運動、口頭試問

入試対策

本年度の入試は、コロナウイルス対策としてマスク着用で行われました。また、巧緻性の問題は、昨年に引き続き「模写」が出題されました。そのため、どの問題も対策が取りやすく、志願者全体の平均点が高くなる傾向にあります。１つでも間違えると合格が難しくなると思いましょう。簡単に思える問題でも１つひとつミスがないように集中して取り組むことが大切です。

入試の流れは以下の通りです。まず、受付を済ませると、控え室に入り、志願者のみ別室へ移動します。その後、グループとなって試験会場へ移動します。試験会場となる教室は、前方に机、椅子が並べられており、後方に行動観察用のマットが敷かれていました。試験時間は、全体で 90 分程度です。ペーパーテスト終了後、マットへ移動し「巧緻性」や「模倣体操」などが実施されました。次に、カプラを使用した「行動観察」があり、その課題中に、受験番号を呼ばれた志願者から「口頭試問」が順番に実施されました。口頭試問は、先生の前に志願者が１人で立って答えるという形式でした。

- 全体を通して 10 ～ 20 名のグループで実施されますが、行動観察ではさらに５名ほどの少人数グループに分かれました。初めて会うお友だちと協力して取り組む姿勢が求められます。

- 道徳や公共のマナーに関する問題が毎年出題されています。体験を通して身に付けておくことが大切です。

「東京学芸大学附属世田谷小学校」について

〈合格のためのアドバイス〉

当校は、４校ある東京学芸大学附属小学校の中で、最も狭い学区ですが、応募者は毎年1000名を超える人気校です。

「学び続ける共同体としての学校の創造」という研究課題を掲げています。その教育内容には、日常生活の中でうまれる疑問を知的好奇心へとつなげ、自ら積極的に学ぼうとする子どもを育て、学力を伸ばすという狙いがあります。

入学考査は、ペーパーテスト、運動テスト、行動観察、口頭試問が行われました。例年と大きな変化はありません。ペーパーテストは、サインペン（赤）を使用して実施されました。出題分野は、お話の記憶、図形、巧緻性などとなっています。お話の記憶では、お話の内容を記憶する問題はもちろんですが、志願者のマナーを観ている問題が例年出題されています。このようなマナーに関する問題の場合、保護者の方の日常生活の行動などがお子さまに大きな影響を与えます。ふだんから公共の場での振る舞いなど、お子さまのマナーの見本となるように、保護者の方は意識しましょう。

口頭試問では、志願者の名前や今日の朝食などの質問だけでなく、試験官が表情の絵を指さしてどのような時にこの表情をしましたか、と志願者の経験を聞いてくるものもありました。志願者自身のこと、経験したことは自分の言葉で伝えられるようにしておきましょう。過去には絵を見てどのように思うか、数の暗唱といった出題もされています。

以上のことから、当校の試験では年齢相応の経験をしているかどうかが観点になっていると言えるでしょう。志願者の周囲で起きた出来事や参加したイベントなどがあれば、その都度、詳しく聞いてあげて、人に伝える力を志願者に付けさせましょう。

また、志願者の考査中に、保護者の方にはアンケートの記入が実施されました。約20分と短めに設定されていますが、2021年度は選択式の問題が３問、記述式の質問が３問と変更になりました。以前よりは時間に余裕を持って記入できるでしょう。下書きの持参も許されているので、保護者の方はご家庭の教育観などについて、考えをまとめておきましょう。

〈2021年度選考〉

- ●ペーパーテスト（集団）
- ●巧緻性（集団）
- ●運動（集団）
- ●行動観察（集団）
- ●口頭試問（個別）
- ●保護者アンケート（約20分／Ａ４用紙１枚）

◇過去の応募状況

2021年度	男子650名	女子583名
2020年度	男子619名	女子556名
2019年度	男子560名	女子541名

〈保護者アンケート〉

①お子さまは普段どのように行動するタイプだと感じていらっしゃいますか。
②お子さまには、小学校でどのように学んでほしいですか。
③お子さまのことで不安や不満があった時などは主にどなたにご相談されてきましたか。
④お子さまがこれまで通っていた幼稚園や保育園はいかがでしたか。
⑤大人の手を焼くような時、ご家庭ではどのようにお子さんを支えたいと思いますか。
⑥小学校に期待していること、こうあってほしいことなどありますか。

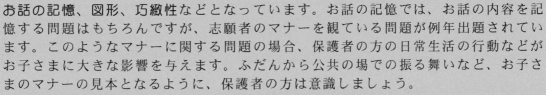

2021年度募集日程

2020年実施済みの日程です。
2022年度募集日程とは異なりますのでご注意ください。

【説明会】　2020年９月18日～９月23日（動画配信）
【願書配布】　2020年９月18日～10月１日（平日のみ）
【願書受付】　2020年９月23日～10月２日（郵送受付・消印有効）
【検定料】　3,300円
【選考日時】　第１次試験（調査）：2020年11月25・26日
第２次試験（抽選）：2020年11月28日
【選考内容】　ペーパーテスト：お話の記憶、図形、運筆など
運動（集団）：模倣体操
行動観察：ブロック、巧緻性
口頭試問：常識、生活習慣など
保護者アンケート：考査当日に記入

2021年度募集の応募者数等

【募集人員】　男女計・・105名
※男女の内訳は応募者数の多い方を53名、少ない方を52名とする
【応募者数】　男子・・・・650名　女子・・・・583名
【合格者数】　男子・・・・・53名　女子・・・・・52名

2022年度募集日程予定

募集日程は予定ですので、変更される可能性もあります。
日程は、必ず事前に学校へお問い合わせください。

【説明会】　2021年９月17日～９月23日（動画配信）
【願書配布】　2021年９月17日～９月30日（平日のみ）
【願書受付】　2021年９月22日～10月１日（郵送受付・消印有効）
【選考日時】　2021年11月24日～
【合格発表・抽選】　2021年11月27日

(得) 先輩ママたちの声！

◆実際に受験をされた方からのアドバイスです。
是非参考にしてください。

東京学芸大学附属世田谷小学校

・学校説明会では、校内見学をすることができないので、学園祭に参加するとよいです。在校生や保護者の様子がわかります。子どもも学校に慣れ、リラックスして考査を受けられたようです。

・「当日はふだん着」との指定がありましたが、ほとんどのお子さまがそれなりにきちんとした格好をしていました。何人かはラフな格好をしていましたが、目立ってしまうので、「子どもにとってはプレッシャーになるのではないかな」と思いました。

・保護者の待ち時間が長く、待機場所は寒いので、防寒対策が必要です。

・荷物置き場がなかったので、親子両方の上着を入れる袋を持っていった方がよいと思います。

・過去問を通して、試験内容の傾向をつかんでおくことが大切だと思います。

・口頭試問と行動観察を重点的に観られているように感じました。行動観察では、先生が子どもの目線までしっかりと観ていたようです。

・待ち時間が長いので、本などを用意した方がよいと思います。

・過去問題集を行っていたので、見慣れた問題が多く、楽しく取り組めたようです。

・アンケートの記入時間は20分程でかなり短いです。下書きの持参と、鉛筆よりシャープペンシルでの記入をおすすめします。

・受験を通して、子どもと話す機会が増えました。子どもの生活態度もよくなりました。子どもも知識を身に付けることで自信を持ったようです。

・子どもだけでなく、母親の体調管理が重要だと思います。私立と国立の両方の受験となると長丁場になるため、スケジュールの管理も
重要だと思いました。

東京学芸大学附属
世田谷小学校

ステップアップ問題集

〈はじめに〉

現在、少子化が叫ばれているにもかかわらず、私立・国立小学校の入学試験には一定の応募者があります。入試は、ただやみくもに学習するだけでは成果を得ることはできません。志望校の過去における出題傾向を研究・把握した上で、練習を進めていくこと、試験までに志願者の不得意分野を克服していくことが必須条件です。そこで、本問題集は小学校を受験される方々に、志望校の出題傾向をより詳しく知って頂くために、出題頻度の高い問題を結集いたしました。最新のデータを含む精選された問題集で実力をお付けください。

また、志望校の選択には弊社発行の「**2022年度版　首都圏・東日本　国立・私立小学校　進学のてびき**」「**2022年度版　首都圏　国立小学校入試ハンドブック**」をぜひ参考になさってください。

〈本書ご使用方法〉

◆出題者は出題前に一度通読し、出題内容などを把握した上で、〈**準　備**〉の欄に表記してあるものを用意してから始めてください。

◆お子さまに絵の頁を渡し、出題者が問題文を読む形式で出題してください。問題を読んだ後で、絵の頁を渡す問題もありますのでご注意ください。

◆「**分野**」は、問題の分野を表しています。弊社の問題集の分野に対応していますので、復習の際の目安にお役立てください。

◆一部の描画や工作、常識等の問題については、解答が省略されているものがあります。お子さまの答えが成り立つか、出題者が各自でご判断ください。

◆〈**時　間**〉につきましては、目安とお考えください。

◆**学習のポイント**は、指導の際にご参考にしてください。

〈本書ご使用にあたっての注意点〉

◆文中に**この問題の絵は縦に使用してください。**と記載してある問題の絵は縦にしてお使いください。

◆〈**準　備**〉の欄で、クレヨンと表記してある場合は12色程度のものを、画用紙と表記してある場合は白い画用紙をご用意ください。

◆文中に**この問題の絵はありません。**と記載してある問題には絵の頁がありませんので、ご注意ください。尚、問題の絵の右上にある番号が連番でなくても、中央下の頁番号が連番の場合は落丁ではありません。
下記一覧表の●がついている問題は絵がありません。

問題1	問題2	問題3	問題4	問題5	問題6	問題7	問題8	問題9	問題10
			●	●	●				
問題11	問題12	問題13	問題14	問題15	問題16	問題17	問題18	問題19	問題20
			●	●					
問題21	問題22	問題23	問題24	問題25	問題26	問題27	問題28	問題29	問題30
●				●	●	●			

◎学習効果を上げるため、前掲の「家庭学習ガイド」及び「合格のためのアドバイス」をお読みになり、各校が実施する入試の出題傾向を、良く把握した上で問題に取り組んでください。
※冒頭の「本書のご使用方法」「ご使用にあたっての注意点」も併せてご覧ください。

問題1　分野：お話の記憶

〈準備〉　サインペン（赤）

〈問題〉　**この問題の絵は縦に使用してください。**
これからするお話をよく聞いて、後の質問に答えてください。

幼稚園から帰ってきて、ヒナちゃんはリンちゃんとツムギちゃんのお家に遊びに行きました。ヒナちゃんは髪が長くてスカートをはいています。お友だちのリンちゃんは髪が短くて帽子をかぶっています。２人でツムギちゃんのお家に向かって歩いていると、レンくんとハルトくんに会いました。「ねえねえ、裏の沼に行こうよ。この前すごく大きなオタマジャクシを見つけたんだ。すごいよ。僕つかまえてみるんだ！」レンくんは手に網を持っています。ヒナちゃんはすぐに行ってみたいと思いましたが、お母さんとの約束を思い出しました。『裏の沼は深くなっているところもあって、危ないから絶対子どもだけで行ってはいけませんよ』お母さんはそう言ったのです。「でも…、お母さんが子どもだけで行ってはいけないって言ったから、私行けないよ」ヒナちゃんが言うと、リンちゃんは「黙っていたら大丈夫だよ」と言いました。「そうそう、メダカとかいっぱいいるんだよ」レンくんが言いました。「でもね、危ないから子どもだけで行っちゃダメなんだよ。深いところもあるんだって」ヒナちゃんはそう言いましたが、行ってみたい気持ちがいっぱいです。「大丈夫、深いところには行かないもん。だってオタマジャクシは浅いところにいるんだよ。僕、行くからね！」レンくんは走って行ってしまいました。「私も行こう！」リンちゃんも走り出しました。「リンちゃん！ツムギちゃんの家へ行かないの？」そう言いながら、ヒナちゃんも沼へ行こうかなと思っていました。その時、ハルトくんが「ヒナちゃんはえらいね。お母さんとのお約束、ちゃんと守るんだ。ヒナちゃん、えらいよ！」とヒナちゃんをいっぱいほめてくれました。『そうだ、私、お母さんと約束したのに破るところだった』とヒナちゃんはドキッとしました。「ありがとうハルトくん。いっしょにツムギちゃんのところに遊びに行かない？」ヒナちゃんが誘うと、ハルトくんは「うん、行く。じゃあ、僕お母さんに言ってくるね」ハルトくんはアメを持って戻って来て、２人でツムギちゃんの家へ行きました。ヒナちゃんは約束を守れて本当によかったと思いました。

（問題１の絵を渡す）
①どの子がヒナちゃんでしょうか。○をつけてください。また、リンちゃんはどの子ですか。△をつけてください。
②レンくんが沼にいっぱいいると言った生き物はどれでしょうか。○をつけてください。
③ツムギちゃんの家に持って行ったのは何ですか。○をつけてください。

〈時間〉　各20秒

〈解答〉　①○：右から２番目　△：左端　②○：メダカ　③○：アメ

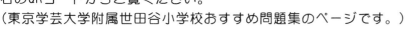

学習のポイント

当校のお話の記憶は、例年400～800字程度の短めのお話から出題されています。内容は身近な経験や生活場面からの題材が多く、「誰が」「何をして」「どうなったか」といったことが覚えられればそんなに難しいものではないでしょう。しかし、お話を言葉で覚えるのは大変ですから、情景を頭の中で思い浮かべるようにして聞くことがポイントです。例年マナーや常識に関する設問が出題されており、それに加えて本問では理科に関する知識の問題も出題されています。最近は外出やさまざまな活動が制限されているため、動植物や昆虫などの自然と触れ合う機会が減ってきているかもしれません。外遊びや散歩の時にいっしょに生き物や自然の様子に目を向け、観察し、お子さまにも興味をもたせましょう。本問のお話には、生物、食べ物など、多くの人や物が登場します。登場したものがよくわからない時は、物語の内容を、身近な人や物に置き換えて聞くようアドバイスしてみましょう。身近な人や物ならば、具体的に景色が頭の中に広がり覚えやすくなるはずです。

【おすすめ問題集】
1話5分の読み聞かせお話集①・②、お話の記憶 初級編・中級編・上級編、
Ｊｒ・ウォッチャー19「お話の記憶」、34「季節」

問題2　分野：巧緻性（運筆）

〈準 備〉　サインペン（赤）

〈問 題〉　左の絵と同じになるように、右の四角の絵をなぞってください。「●」のところから描き始めてください。

〈時 間〉　1分

〈解 答〉　省略

学習のポイント

当校では巧緻性の問題は例年出題されています。2019年度までは2本の線の間に線を書く問題が出題されていましたが、2020年度より模写へと変更になりました。作業内容は変わりましたが、運筆・模写は必修分野なので、準備が必要です。正しくペンを持ち、動かし、正確に再現できるよう、慌てずに落ち着いて作業をしてください。本問では描きはじめの場所が指定されています。小さな指示かもしれませんが、しっかり聞いて理解し、作業に取りかかれるかも大切なポイントです。また、素早く行うことだけではなく、ていねいに線を書くことも意識してください。時間内にできても常識以上に「雑」だとよい印象を与えません。

【おすすめ問題集】
Ｊｒ・ウォッチャー51「運筆①」、52「運筆②」

問題3　分野：図形（図形の構成）

〈準備〉　問題３－１の絵に指定された色を塗っておく。問題３－２の絵を線に沿って切り抜き、指定された色を塗っておく。
※実際に出題されるのはどちらか１問なので、２色の色板６枚のセットを１組、机の上に置いておく。

〈問題〉　（問題３－１の絵をお手本として見せる）
三角形の色板を使ってお手本と同じ形を作ってください。

〈時間〉　20秒

〈解答〉　省略

学習のポイント

例年出題されている、色板タイルを組み合わせて図形を作るパズルの問題です。見本通りに形を組み合わせるだけでなく、色の指定もありますが、ていねいに取り組めば難しくない問題です。ただし、解答時間が20秒と非常に短いため、じっくり取り組み、何度もやり直す時間はありません。見本を見て、何枚の色板タイルが必要か、どこにどの色を置けばよいのか、すぐにわかるひらめきが必要です。このひらめきを得るためには、ペーパー上で学習するより、市販の図形パズルを使うなどして実際に動かしてみるほうが近道かもしれません。何度もくり返し行えば、一度見ただけで形の組み合わせをイメージできるようになります。

【おすすめ問題集】
Ｊｒ・ウォッチャー３「パズル」、９「合成」、54「図形の構成」

問題4　分野：指示行動（巧緻性）

〈準備〉　お手本として、問題の指示に従って１つ作っておく。

〈問題〉　**この問題の絵はありません。**
紙にお母さんの絵を描いてください。紙は縦でも横でもいいです。描き終わったら紙を４つに折って封筒に入れましょう。封筒に入れたら、机の上にまっすぐ置いてください。

〈時間〉　５分

〈解答〉　省略

家庭学習のコツ①　「先輩ママのアドバイス」を読みましょう！

本書冒頭の「先輩ママのアドバイス」には、実際に試験を経験された方の貴重なお話が掲載されています。対策学習への取り組み方だけでなく、試験場の雰囲気や会場での過ごし方、お子さまの健康管理、家庭学習の方法など、さまざまなことがらについてのアドバイスもあります。先輩ママの体験談、アドバイスに学び、ステップアップを図りましょう！

学習のポイント

指示行動の課題は例年ほぼ同じで、本問のような簡単なものです。お手本として例は示されていますが、指示は１回しか出されません。集中して指示を聞き、理解しなければなりません。お手本は見ることができますが、ゆっくり確認する時間はないでしょう。よく見てしっかり覚えるようにしてください。紙はただ４つに折ればいいわけではありません。特に指示をされなくても、端と端をしっかり合わせてきれいに折った方が印象は良くなります。封筒に入れた後、机の上にまっすぐ置くところまでが課題です。最後まで気を抜かずに、しっかりやり遂げるようにしてください。

【おすすめ問題集】

Ｊｒ・ウォッチャー25「生活巧緻性」、実践ゆびさきトレーニング①②③

問題5　分野：行動観察

〈準備〉　薄い木製の板状のブロック（カプラ）

〈問題〉　この問題の絵はありません。

（15人のグループになる）

チームのみんなで協力して、板状のブロックを使い、公園を作ってください。

〈時間〉　約15分

〈解答〉　省略

学習のポイント

行動観察の課題では、例年チームで協力して作業する課題が出されています。こうした課題では、お子さまが集団行動をする時に、グループの中でどのように振る舞うかが観られています。会うのが初めてというお子さまばかりの状況で物おじせずきちんと自分の意見が言えるか、ほかのお友だちの意見に耳を傾けているか、協力しながら課題に取り組めているかなどがポイントです。コロナ禍でなかなか機会が作れなかったかもしれませんが、入試までにはいっしょに遊ぶ経験を何度か持っておきましょう。子ども同士が集まればさまざまなことが起こりがちです。保護者の方はなるべく介入せずに、子ども同士で解決できるよう見守ってください。思い通りにならなかった時、何か問題が起きた時に解決するためにはどうするか、お子さまが自分たちで考えるきっかけになります。ただ、その時にお子さまが間違った行動をとった時は、その場できちんと注意し、指導しましょう。

【おすすめ問題集】

Ｊｒ・ウォッチャー29「行動観察」

問題6　分野：口頭試問

〈準備〉　なし

〈問題〉　**この問題の絵はありません。**

これからいくつか質問をします。答えてください。
①お名前とお誕生日を教えてください。
②今日は誰とどうやってここに来ましたか。
③朝ごはんは何を食べましたか。
④好きな食べものは何ですか。
⑤お家でどんなお手伝いをしますか。
⑥お父さんやお母さんから、どんな時にほめられますか。
⑦お父さんやお母さんから、どんな時に叱られますか。
⑧幼稚園（保育園）で仲のよいお友だちの名前を教えてください。
⑨そのお友だちのどんなところが好きですか。
⑩お友だちといつも何をして遊びますか。

〈時間〉　適宜

〈解答〉　省略

学習のポイント

この課題は例年、行動観察の作業中に個別に１人ずつ呼ばれて行われます。質問内容はごく一般的な面接で聞かれるような事柄であり、マナーや年相応の受け答えができればそれほど難しい課題ではないでしょう。しかし、チームで制作をしている途中に呼び出され、質問をされるので、気持ちを切り替えるのは、お子さまにとっては難しいかもしれません。お子さまにそういった傾向があれば、試験前に練習をしておいてください。一人あたりの時間が短いため、質問の１つひとつを考えて答える時間はほとんどありません。試験会場という緊張した雰囲気から、練習通りの受け答えができないお子さまも多いでしょう。それを防ぐためには、何度もくり返し練習することが大切です。

【おすすめ問題集】
新口頭試問・個別テスト問題集、面接テスト問題集

問題7　分野：巧緻性

〈準備〉　サインペン（赤）。問題７－１の図の形を覚えておく。出題者は志願者に見せながら、問題７－２に指を使い、７－１の図と同じ形を一筆書きでなぞる。

〈問題〉　（出題者と志願者は机をはさんで向かい合わせに座る。問題７－２は出題者が持ち、問題７－３を本人の前に置く）
「これから私（出題者）が、この紙の上の点を指でなぞります。それをよく見ていてください。私が「はい」と言ったら、私がなぞったとおりに、あなたの目の前の紙にこのペンで書いてください」

〈時間〉　15秒

〈解答〉　省略

学習のポイント

巧緻性の課題ですが、当問では、試験官が示すお手本は指でなぞるだけなので、実際模倣をする際には線が残っておらず、何をどうするべきか、覚えておく必要があります。試験官を目の前にすると緊張してしまい集中するのが難しいと思いますので、どの点から始めるか、どの方向に進むか、どこで終わるかという作業のポイントを押さえて覚えるようにするとよいでしょう。運筆の正確さだけではなく、模倣の能力やていねいさ、集中力も観られていると思ってください。ご家庭で練習する時には、楽しく模倣する時間と集中して覚える時間のメリハリをしっかりつけましょう。

【おすすめ問題集】
Ｊｒ・ウォッチャー１「点・線図形」、51「運筆①」、52「運筆②」

問題8　分野：口頭試問（常識）

〈準備〉　なし

〈問題〉　（問題８の絵を見せる）
①これはどこですか。何をしている人がいますか。できるだけたくさん説明してください。
②この中で、いけないことをしている子はどの子ですか。
③その子はどんなことをしていますか。
④電車に入ろうとしている人はどんな気持ちだと思いますか。教えてください。

〈時間〉　適宜

〈解答〉　省略

学習のポイント

当校の入試では、マナーに関する問題が頻出です。中でも口頭試問では、公共の場のマナーについての課題が出題されることが多いです。例年さまざまな場所でのマナーが問われますので、「人に迷惑をかけない」「人の嫌がることをしない」など基本的なことがわかり、その理由を自分の言葉で説明できるようにしましょう。小学校に入学すれば、１人で電車に乗ったり、道を歩いたり、図書館へ行くなどの機会が増え、公共の場でのマナーが必要になります。そこでどのように振る舞えばいいのか、年齢相応に身に付けていないと、こうした問題に対応できないというわけです。基本的なマナーや常識をふまえつつ、場面や状況に応じた対応ができるよう、保護者の方は、お子さまのお手本となるように振る舞うよう意識しましょう。

【おすすめ問題集】
新口頭試問・個別テスト問題集、Ｊｒ・ウォッチャー56「マナーとルール」

問題9　分野：お話の記憶

〈準備〉　サインペン（赤）

〈問題〉　**この問題の絵は縦に使用してください。**
これからするお話をよく聞いて、後の質問に答えてください。

今日はユキちゃんが通っている幼稚園の花壇に、秋に咲くお花の種を蒔いたり、苗を植えたりする日です。昨日は雨が降り風も吹いていたので、できないかもしれないと、ユキちゃんはとても心配でした。今朝は、曇っていて雨が降ってきそうな天気です。ユキちゃんが「お父さんも、お母さんもお仕事が休みで、いっしょにやるのをとても楽しみにしていたのに、こんな天気じゃつまらないね」とお母さんに言うと、「そのうちに晴れるわよ、お弁当を食べる頃には、とてもよいお天気になるわ」とお弁当を作りながらお母さんが言いました。ユキちゃんはお父さんとお母さんといっしょに花壇にコスモスの苗を５本植えました。花壇のお仕事が終わると、お庭にシートを敷き、まーるくなって座り、お家から持ってきたお弁当をみんなで食べました。しばらくすると、ユキちゃんのお母さんが言ったように、とてもよい天気になってきました。

①ユキちゃんが植えたお花はどの季節に咲くお花でしょうか。そのお花と同じ季節のものに○をつけてください。
②花壇に植えたお花と同じ季節に咲くお花に○をつけてください。
③ユキちゃんはそのお花をいくつ植えましたか。その数だけ○を書いてください。
④花壇のお仕事で使う道具に○をすべてつけてください。

〈時間〉　各30秒

〈解答〉　下図参照

学習のポイント

当校のお話は短く、内容も複雑なものではありません。特に対策学習をしなくても、お話を聞き、それについての質問に答えた経験があれば問題のないレベルです。対策が必要なのは、②～④などのお話には関係のない、常識を聞く質問でしょう。当校では、季節、マナー、登場人物の感情まで聞かれるので、一通りの常識は学んでおいてください。ふだんの生活の中であまり見かけない動植物、経験しない行事などは、ネットや本を活用してもよいでしょう。お子さまはともかく、保護者の方に知っておいてほしいのは、出題されるのは、「試験を受ける年頃のお子さまが知っていて当然の知識」です。

【おすすめ問題集】
１話５分の読み聞かせお話集①・②、お話の記憶 初級編・中級編、
Ｊｒ・ウォッチャー19「お話の記憶」

家庭学習のコツ②　「家庭学習ガイド」はママの味方！

問題演習を始める前に、試験の概要をまとめた「家庭学習ガイド（本書カラーページに掲載）」を読みましょう。「家庭学習ガイド」には、応募者数や試験科目の詳細のほか、学習を進める上で重要な情報が掲載されています。それらの情報で入試の傾向をつかみ、学習の方針を立ててから、対策学習を始めてください。

問題10　分野：お話の記憶

〈準 備〉　サインペン（赤）

〈問 題〉　**この問題の絵は縦に使用してください。**
これからするお話を聞いて、後の質問に答えてください。

クマさんとリスさんとウサギさんが海に出かけました。海に到着すると、クマさんはリスさんとウサギさんのために浮き輪を２つふくらませてあげました。クマさんは上手に泳げるので、浮き輪はいりません。海で泳いだり、砂浜で砂遊びをしてたくさん遊びました。その後、みんなでお弁当を食べました。お弁当にはクマさんの顔のおにぎりが入っていました。お弁当を食べ終わると、今度は３人でスイカ割りをしました。ウサギさんとクマさんはうまく割れませんでしたが、リスさんが見事にスイカを割りました。リスさんは家に帰ってから、楽しかった今日の１日を絵日記に描きました。

（問題10－１の絵を渡す）
①上の段を見てください。お話に出てきた動物に○をつけてください。
②真ん中の段を見てください。浮き輪をふくらませた動物に○をつけてください。
③下の段を見てください。絵日記を描いた動物に○をつけてください。
（問題10－２の絵を渡す）
④お話の順番通りに絵が並んでいる組み合わせを選び、左側の四角に○をつけてください。

〈時 間〉　各30秒

〈解 答〉　①左から２番目（クマ）、右から３番目（ウサギ）、右端（リス）
②左から２番目（クマ）
③右端（リス）
④下から２段目

学習のポイント

前問とは違うパターンのお話の記憶の問題を掲載しておきます。この問題を掲載したのはほかの国立小学校で④のような「お話の順番」を聞く問題が最近目立っているからです。当校でもかなり前になりますが、同じような出題がありました。お話の流れを把握しているかどうか、単に記憶力を問う問題ではなく物語を楽しむことができるだけの語彙や理解力が備わっているかどうかを確かめるためでしょう。当校はここ数年ほぼ同じ出題内容ですが、４～５年ごとに少しずつ変化しています。当校の入試が現在の能力・学力というよりは「のびしろ」を重視した試験ということには変わりがありませんが、それでも細かな変化はあるということです。その変化に対応できるだけの準備をしておきましょう。

【おすすめ問題集】
１話５分の読み聞かせお話集①・②、お話の記憶 初級編・中級編・上級編、お話の記憶 ベスト30、Ｊｒ・ウォッチャー19「お話の記憶」

問題11　分野：運筆

〈準備〉　青色鉛筆

〈問題〉　ジグザグ、くねくねの道を、☆からウサギさんの顔を通って、はみ出さずにゴールまで線を引きましょう。

〈時間〉　30秒

〈解答〉　省略

学習のポイント

運筆の課題です。筆記用具の持ち方などは正しい形を最初に覚えることが大切です。お子さまが間違った持ち方で覚えている場合は、早めに矯正してください。癖になります。当校の運筆は図形の周囲に描かれた幅２cmぐらいの箇所に線を引くケースが多いので、それができる程度には慣れておきましょう。例年サインペンが使われるので、力の入れ具合や使い方を実物を使って学んでおいてください。きれいな線は引けなくても構いませんが、ていねいに作業をすること。雑に見えると、正しく筆記用具を使えていないのではないかなどと思われてしまいます。

【おすすめ問題集】

Ｊｒ・ウォッチャー51「運筆①」、52「運筆②」

問題12　分野：運筆

〈準備〉　サインペン（赤色）

〈問題〉　カメの甲羅の点線の中を、青の色鉛筆ではみ出さないようにきれいに塗ってください。

〈時間〉　適宜

〈解答〉　省略

学習のポイント

当校では「塗る」という問題は出題されていないのですが、筆記用具を使用するバリエーションの１つとして出題される可能性が高いので掲載しておきます。線を引く時と塗る場合の違いは筆記用具の持ち方です。サインペンではあまり違いはありませんが、クレヨンや色鉛筆だと線を引く時よりは筆記用具を少し寝かせて、「面」で塗るようにした方が早く塗れます。また、「外から中へ」という塗る順番を守らないとムラになったりします。こういったことは説明するよりも、作業を経験した方がより多くのことを学べるというものです。遊びにうまく取り入れて、自然と学べるようにしてあげましょう。

【おすすめ問題集】

Ｊｒ・ウォッチャー23「切る・貼る・塗る」、51「運筆①」、52「運筆②」

問題13　分野：図形（合成）

〈準備〉　青色鉛筆

〈問題〉　**この問題の絵は縦に使用してください。**
右の四角の中の図形を使って、左の見本の図形を作ります。使わないものに○をつけてください。

〈時間〉　1分

〈解答〉　①右端　②右から2番目　③右から2番目　④右端

学習のポイント

当校の「図形の合成」の問題は、三角形に切った紙（実物）を合わせて四角形にするというもので、この問題と見かけは違うのですが、聞いていることは同じです。図形の合成はいわば図形パズルなので、図形の基本的な性質は知っておいた方がよいでしょう。図形の性質というと難しいことのようですが、同じ三角形を底辺同士で合わせると四角形になるといったことで、それこそパズルを組んだり、図形問題を解いていれば自然に覚えることです。小学校受験では最終的には「この図形が回転とするとこうな」というふうにその変化をイメージすることが目的になるのですが、当校ではそこまでにならなくても対応できる問題しか出題されません。基礎が理解できていれば充分です。

【おすすめ問題集】
Ｊｒ・ウォッチャー９「合成」、54「図形の構成」

問題14　分野：指示行動

〈準備〉　四角いお盆の横に急須、湯飲み、皿、豆をのせた皿、箸、箸箱、ナプキン、缶詰を置いておく。

〈問題〉　**この問題の絵はありません。**
（出題者がその都度お手本を見せる。）
①３つの豆を、お箸を使って空いているお皿に移しましょう。
②お箸を箸箱に片付けましょう。
③ナプキンを４つに折りたたみましょう。
④急須に入っているお茶を湯飲みに入れましょう。
⑤全部をお盆の上に置きましょう。

〈時間〉　適宜

〈解答〉　省略

学習のポイント

この数年、当校の指示行動で出題される課題は「クリアファイルに紙を挟む」という作業ですが、それでも指示の理解やある程度の生活巧緻性（器用さ）は必要です。この問題ではそれよりも細かい作業をすることになりますが、練習の１つと考えて取り組んでください。この作業がスムーズに行えるようなら、当校の入試問題には特に対策を行う必要はないでしょう。楽勝です。そもそもこうした課題が出題されるのは、入学後に指示を理解してそのとおりに行動できるかをチェックするためです。結果はおまけのようなものでそれほど重要視されません。「５・６歳のお子さまなりにていねいに行ったという評価が得られれば充分」といった観点で、保護者の方はお子さまの作業を観察してください。

【おすすめ問題集】
　Ｊｒ・ウォッチャー25「生活巧緻性」、29「行動観察」

問題15　分野：口頭試問

〈準備〉　なし

〈問題〉　**この問題の絵はありません。**
・好きな本の名前を教えてください。
・（上の質問に続けて）どうしてその本が好きなのですか。
・お散歩に行くとしたら、どこに行きたいですか。
・（上の質問に続けて）どうしてですか。
・お弁当に何が入っていたら、うれしいですか。
・お母さんに褒められることは、どんなことですか。
・今日の晩ご飯には、何を食べたいですか。

〈時間〉　適宜

〈解答〉　省略

学習のポイント

行動観察が行われている時に１人ずつ呼ばれて口頭試問が行われます。質問は、難しいものではありません。しかし、自分の名前や幼稚園名など「〇〇です」と答えられるものばかりではありませんから、「質問を理解して、それに沿った答えをする」という能力は必要になります。家庭での会話が「質問→それに沿った答え」というものなら、特に準備は必要ないのですが、ふつうは何かが省略されたり、その質問の答えになっていない返事でも「まあいいか」で済ませたりしていることも多いはずです。思い当たるようなら、少なくとも面接や口頭試問などでは「質問の意味を正確に理解する」「質問に沿った返事を言い切る」という２つのことを意識してください。この２つが守られていれば、悪い評価は受けないはずです。

【おすすめ問題集】
　面接テスト問題集、新口頭試問・個別テスト問題集

問題16　分野：お話の記憶

〈準備〉　サインペン（赤）・音楽再生機器・雷の音の音源

〈問題〉　お話をよく聞いて、後の質問に答えてください。

今日はみんなで、近くの山へ遊びに行く日です。イヌくんが公園に着くと、もうウサギさん、ネコさん、ネズミくん、サルくんは、出発の準備をして待っていました。「おはよう」とイヌくんはみんなにあいさつをしました。「それじゃあ、出発しよう」とサルくんが言ったので、みんなで山へ向かって歩き始めました。途中の道には、コスモスが咲いていました。「まあ、きれい」と、ウサギさんはその花を見て、とてもうれしそうでした。それからしばらく歩くと、山の上の広場に着きました。「うわあ、赤と黄色のじゅうたんみたいだね」あたりを見回したサルくんは、さっそくその上に寝転がりました。「本当だ。フカフカしているね」と、みんなも一緒にゴロゴロ転がりました。しばらくすると、「グー」という音が聞こえました。「あはは、お腹が鳴っちゃった。お弁当にしようよ」とネズミくんが言ったので、みんなでお弁当を食べました。イヌくんは「あー、おいしかった。ゴミは木の下に集めて置いて帰ろうね」と言いました。ネコさんは「自分のカバンに入れて、持って帰ろうよ」ウサギさんは「穴掘りが得意だから、全部埋めてあげるよ」と言いました。それからみんなで、クリ拾いをしました。でも、クリはなかなか落ちていません。イヌくんは１個、ネズミくんも１個しか見つけられませんでした。その時、サルくんが「見つけた！　木の下にゴロゴロ落ちているよ」と言って大声を出しました。みんなサルくんの方に集まって、いっしょにクリを拾いました。（カミナリの音を再生する）すると、どこからか大きな音が聞こえてきました。「大変だ、もうすぐ雨が降るよ」とネコさんが言ったので、みんなであわてて帰りました。

①サルくんが「じゅうたんみたい」と言いましたが、その「じゅうたん」はどんなものですか。○をつけてください。
②お弁当を食べ終わった時に、正しいことを言ったのは誰ですか。○をつけてください。
③クリをたくさん見つけたのは誰ですか。○をつけてください。
④クリ拾いをしていた時に聞こえたのは、何の音ですか。○をつけてください。

〈時間〉　各15秒

〈解答〉　①右から２番目（カエデ、イチョウ）　②左から２番目（ネコ）
③右端（サル）　④右から２番目（カミナリ）

家庭学習のコツ③　効果的な学習方法～問題集を通読する

過去問題集を始めるにあたり、いきなり問題に取り組んではいませんか？　それでは本書を有効活用しているとは言えません。まず、保護者の方が、すべてを一通り読み、当校の傾向、ポイント、問題のアドバイスを頭に入れてください。そうすることにより、保護者の方の指導力がアップします。また、日常生活のさまざまなことから、保護者の方自身が「作問」することができるようになっていきます。

学習のポイント

当校のお話の記憶の問題では、1．登場人物たちのセリフを通したマナー、2．音源を再生して、その音の説明、3．情景の比喩表現を具体化させる、という3つのタイプの問題が頻出します。マナーと音の説明は、それほど難しいものではありません。常識分野の知識をふだんの学習で積み重ね、聞き落としがないように気を付ければ、問題なく回答できるでしょう。また、3の情景の比喩表現とは、目の前にあるものの特徴を、「～みたいだ」「～のようだ」という言葉を使って、言い表す方法です。例えば①では、「じゅうたんみたいだ」という言葉から、フカフカとした落ち葉が、あたり一面に広がっている様子を想像できるかが問われています。このように説明すると難しいもののように感じるかもしれませんが、ふだん読み聞かせている絵本などを通して、お子さんが触れている機会も多いものです。気が付いた時だけで構いませんので、「〇〇みたいって、どういうことかな」「これって、〇〇みたいだね」などように、お子さまと話し合ってみるとよいでしょう。

【おすすめ問題集】

1話5分の読み聞かせお話集①・②、1話7分の読み聞かせお話集入試実践編①、お話の記憶 初級編・中級編・上級編、Jr・ウォッチャー19「お話の記憶」、34「季節」

問題17　分野：巧緻性（運筆）

〈準 備〉　サインペン（赤）

〈問 題〉　線と線の間をはみ出さないようにしてなぞってください。なぞり始める場所は好きなところからで構いません。

〈時 間〉　1分

〈解 答〉　省略

学習のポイント

当校で例年出題されている運筆の課題です。この課題では、筆記用具が正しく使えることと、指示通りに線を引くことの2点に気を付けて取り組んでください。本問の特徴は、雲型に曲線が連続していることです。フリーハンドで曲線を引くために、線を引きやすい角度にペンを傾けることと、もう一方の手で紙を押えることがポイントです。また、角のところなどで手を休めて、ペンの動かし方を決めることも大切です。一筆書きのように手を動かすと、ペンを進める先が自分の手で見えなくなることがあり、そこで線が雑になったり、はみ出してしまったりすることもあります。このような失敗をしないためにも、「角のところでは1度手を止める」ことを、ふだんの練習から意識しておくとよいでしょう。

【おすすめ問題集】

Jr・ウォッチャー1「点・線図形」、51「運筆①」、52「運筆②」

問題18　分野：巧緻性（運筆）

〈準備〉　サインペン（赤）

〈問題〉　線と線の間をはみ出さないようにしてなぞってください。なぞり始める場所は好きなところからで構いません。

〈時間〉　１分

〈解答〉　省略

学習のポイント

運筆の発展問題です。直線と曲線、鋭角と鈍角とカーブのように、さまざまな要素が複合していることころが本問のポイントです。場所によっては手の動かし方に工夫が必要かもしれませんが、前問と同様に、紙をしっかりと押さえて、角のところで手を止めることに気を付けて取り組んでください。当校の運筆の課題では、線の幅が一定で途中で変わらないことが特徴です。つまり、線の真ん中を通ることを意識できていれば、はみ出さずに最後まで線が引くことができます。きれいな仕上がりになるように、ある程度強めに線を引くようにしてみましょう。仕上がりの良し悪しは評価には関係ありませんが、途中で線をはみ出してしまうと、お子さまは失敗したと感じてしまうものです。そのような気持ちを引きずらずに次の課題に取り組むことは大切です。試験をよい状態で進めるためにも、ある程度仕上がりにはこだわって練習をしてください

【おすすめ問題集】

Ｊｒ・ウォッチャー１「点・線図形」、51「運筆①」、52「運筆②」

問題19　分野：図形（合成）

〈準備〉　問題19－２の絵に指定の色を塗っておく。問題19－１の絵を線に沿って切り抜き、指示通りの色を両面に塗っておく。

〈問題〉　（問題19－２のイラストをお手本として見せる）
三角形の色板を使ってお手本と同じ形を作ってください。

〈時間〉　30秒

〈解答〉　省略

家庭学習のコツ④　効果的な学習方法～お子さまの今の実力を知る

１年分の問題を解き終えた後、「家庭学習ガイド」に掲載されているレーダーチャートを参考に、目標への到達度をはかってみましょう。また、あわせてお子さまの得意・不得意の見きわめも行ってください。苦手な分野の対策にあたっては、お子さまに無理をさせず、理解度に合わせて学習するとよいでしょう。

学習のポイント

直角二等辺三角形を２枚組み合わせると、正方形、大きな直角二等辺三角形、平行四辺形を作ることができます。４枚組み合わせると、さらに複雑な形も作れます。当校の図形の合成の問題では、例年、直角二等辺三角形のピースが数枚使用されますので、ピースを組み合わせた時の形を、あらかじめ理解しておくとよいでしょう。本問では、中央に置かれた４枚の形が、辺ではなく頂点でそれぞれ接しています。辺同士が接している時と違い、歪まずに置けるかどうかが、上手に仕上げるポイントになります。ピースをきれいに並べられるように、何度か練習をしておくとよいでしょう。ピースを置いた後で、少し目を離して全体を見るようにすると、ピース同士の正しい位置を確認しやすくなります。

【おすすめ問題集】
Ｊｒ・ウォッチャー３「パズル」、９「合成」、54「図形の構成」

問題20　分野：図形（合成）

〈準備〉　問題20－２の絵に指定の色を塗っておく。問題20－１の絵を線に沿って切り抜き、指示通りの色を表面に塗っておく。

〈問題〉　（問題20－２のイラストをお手本として見せる）
三角形の色板を使ってお手本と同じ形を作ってください。

〈時間〉　40秒

〈解答〉　省略

学習のポイント

本問で使用されるピースは、片面のみに色が塗られています。そのため、組み合わせて形を作る際に裏返すことはできません。「回転」のみで考えるということになります。直角二等辺三角形のピースを、45度、90度に数度回転させた時の形を、頭に思い浮かべられるかどうかが、本問のポイントになります。実際にピースを回転させてみて、それぞれのパターンを覚えておくのもよいでしょう。また、本問では使用されているピースの数が多くなっています。お手本を見ると、下の左右の隅にもピースがありますが、これは余りではありません。忘れずに置くようにしてください。

【おすすめ問題集】
Ｊｒ・ウォッチャー３「パズル」、９「合成」、54「図形の構成」

問題21　分野：指示行動（巧緻性）

〈準備〉　箱（以下のものが入る大きさ）
マジック、ものさし、ハサミ、鉛筆、ノート、消しゴム（または、これらに代わるもの）

〈問題〉　この問題の絵はありません。
これから、私（出題者）が言ったものを箱の中に入れます。
①マジック、ものさし、ハサミ
　今入れたものを、箱から出して、もとの位置に置いてください（以下同様）
②鉛筆、消しゴム、マジック、ハサミ
③マジック、ハサミ、消しゴム、鉛筆を、順番に入れてください。
④ものさし、ノート、消しゴムを、大きいものを下にして入れてください。

〈時間〉　適宜

〈解答〉　省略

学習のポイント

生活体験の有無を問う巧緻性の問題が毎年出題されています。その内容は、クリアファイルに紙を挟むといった、ごく基本的なものです。この課題では、作業の工程を理解することと、順番通りに実行することのを２点がポイントになります。もちろん、指示を１度で聞き取れるかどうかも大切です。本問は、これらの要素をふまえた「指示通りに片付ける」問題です。４回に分けて伝えられる指示の内容は、それぞれ数や順番などが少しずつ変えられています。いくつまでなら、どの程度複雑な内容までならお子さまが１度で覚えられるのかを、本問を通して把握してください。当校の試験、および日常の生活では、４つ程度のものや３種類の工程を覚えられれば充分です。日常での指示を１回のみにするなどの過剰な対策でお子さまを失敗させることのないように、本問や類似の問題を使用して、段階的に指示を聞き取る練習を進めてください。

【おすすめ問題集】
Ｊｒ・ウォッチャー25「生活巧緻性」、実践 ゆびさきトレーニング①②③

問題22　分野：お話の記憶

〈準備〉　サインペン（赤）、カラスの鳴き声が録音された音源と再生機器

〈問題〉　**この問題の絵は縦に使用してください。**
これからお話をします。よく聞いて、後の質問に答えてください。

今日は、タヌキくんがお友だちと一緒に、公園に遊びに行く日です。タヌキくんが待ち合わせ場所の駅に着くと、キツネくんが先に待っていました。「おはよう、キツネくん」「おはよう、タヌキくん」タヌキくんとキツネくんがお話ししていると、ウサギさんとリスさんがやってきました。全員揃ったので、タヌキくんたちは電車に乗りました。電車の中で、ウサギさんは、「着くまで退屈だからかけっこをしようよ」と言いました。するとタヌキくんは、「かけっこよりも歌の方がいいな」と言いました。リスさんは「ほかの人に迷惑だから、静かにしようよ」と言いました。キツネくんは疲れたようで、床に座っていました。しばらくすると、駅に着いたので、タヌキくんたちは電車を降りて公園に行きました。公園にはたくさんの遊具があったので、タヌキくんたちは好きな遊具で遊ぶことにしました。タヌキくんは大好きなすべり台で遊びました。ウサギさんとキツネくんは、２人で仲良くシーソーに乗りました。リスくんはジャングルジムに登りました。そうしていると、タヌキくんの頭に、ぽつ、ぽつ、と冷たいものが当たりました。空を見ると、どんよりと雲が広がっています。キツネくんは、「お空が泣いているよ」と言いました。そこで、みんなはお家に帰ることにしました。鳥の鳴き声を聞きながら、タヌキくんたちは電車に乗って、お家に帰りました。

（問題22の絵を渡す）
①（準備した鳴き声の音声を再生する）公園でタヌキくんたちが聞いたのは、このような鳴き声でした。１番上の段から、この鳴き声の動物を探して、○をつけてください。
②上から２段目を見てください。タヌキくんたちが遊んだものはどれですか。すべて選んで、○をつけてください。
③真ん中の段を見てください。電車の中で、正しいことを言ったのは誰ですか。その動物に○をつけてください。
④下から２段目を見てください。キツネさんが言った、「お空が泣いているよ」とは、どんな様子のことですか。当てはまるものを選んで、○をつけてください。
⑤１番下の段を見てください。公園には何に乗って行きましたか。選んで、○をつけてください。

〈時間〉　各10秒

〈解答〉　①左から２番目（カラス）　②真ん中、右から２番目（すべり台、シーソー）
③右端（リス）　④右から２番目（雨）　⑤右から２番目（電車）

学習のポイント

当校のお話の記憶の問題は、他校とは違う独特の形式で出題されます。①では、実際の音源を使用して、お話の中で聞こえてきた音を答えます。この問題は、いわゆる「常識」の問題です。日常生活で耳にする音や、よく知られている生き物の鳴き声などについては、年齢相応の知識として知っておいてください。「ピーポー」などの擬音でだけではなく、実際にその音を聞いたり、映像メディアなどを利用して知識を増やすとよいでしょう。また、③では、公共の場にふさわしい行動についての問題もあります。駅や乗り物の中でのマナーなど、その内容はごくあたりまえのものばかりです。公共のマナーに関しては、お子さまが小学校に進学する前に必ず身に付けておかなければいけない知識です。試験対策以上に大切なこととして、確実に理解させておいてください。

【おすすめ問題集】
１話５分の読み聞かせお話集①・②、１話７分の読み聞かせお話集 入試実践編①
お話の記憶 初級編・中級編・上級編、Ｊｒ・ウォッチャー56「マナーとルール」

問題23 分野：巧緻性（運筆）

〈準 備〉 サインペン（赤）

〈問 題〉 線と線の間をはみださないようにしてなぞってください。好きなところから始めてください。

〈時 間〉 30秒

〈解 答〉 省略

学習のポイント

はみ出さないように線を引く問題です。作業する時間が短いので、手際よく線を引かなければいけません。だからといって、急いで線を引こうとすると、今度ははみ出してしまいます。ですから、速さと正確さを、できる範囲で両立させることが本問では大切です。あえて、どちらかをと言うなら、正確さを意識させてください。正確な作業を行ううちに無駄な動きも少なくなります。例えば本問の場合、スタート地点にペンを置いたら、次の曲がり角を目標にして一息で線を引きます。そして、次の曲がり角にまで、同様に線を引いていきます。この引き方の場合、ペンの方向を途中で変えることがないため、正確にきれいな線が引けます。この方法に慣れてくると、次第にスムーズに線が引けるようになり、時間の短縮にもつながります。

【おすすめ問題集】
Ｊｒ・ウォッチャー51「運筆①」、52「運筆②」

問題24　分野：図形（合成）

〈準備〉　あらかじめ、問題24－１、問題24－２の絵に指定の色を塗っておく。問題24－１の絵は線に沿って切り抜いておく。

〈問題〉　（切り抜いた問題24－１の絵を渡し、24－２のイラストをお手本として見せる）三角形の色板を使って、お手本と同じ形を作ってください。

〈時間〉　40秒

〈解答〉　省略

学習のポイント

例年出題されている、色付きのパズルをお手本通りに組み合わせる問題です。お手本を見ながらパズルのピースを並べる形式の出題ですが、お手本があるからといって、ピースを１枚並べる度にお手本を確認していては、時間が足りなくなってしまいます。２～３枚のピースの位置を覚え、その通りに並べられるように練習を繰り返してください。例えば、「赤の隣はオレンジ、その下は青」というように、位置関係を明確にしてして覚える感じです。こうした練習は、実物を使うとさらに効果が上がります。また、パズルを置く時には、２つのパズルの辺同士がピッタリと付くように置くようにすると、スムーズに進められるだけでなく、仕上がりがきれいになります。

【おすすめ問題集】
Ｊｒ・ウォッチャー３「パズル」、９「合成」、54「図形の構成」

問題25　分野：指示行動（巧緻性）

〈準備〉　折り紙（赤、青、各１枚）、Ａ５サイズのクリアファイル、Ａ４サイズの画用紙

〈問題〉　**この問題の絵はありません。**
赤い折り紙を四角く半分に折ってください。次に、青い折り紙を三角形に半分に折ってください。２つともできたら、クリアファイルの中に入れてください。最後に、クリアファイルを画用紙の真ん中に置いてください。終わったら、両手を膝に置いて、静かに待っていてください。

〈時間〉　１分

〈解答〉　省略

学習のポイント

クリアファイルに紙を畳んで入れる課題は、当校の入試ではここ数年続けて出されています。ポイントは２つあります。まず、指示を覚えられるかどうかです。３種類の紙がありますが、これらを指示通りに折ったり並べたりしなければいけません。そのためには、指示を聞いた時、それぞれの材料を見ながら、どう動かせばよいかイメージする必要があります。もう１つのポイントは、作業をていねいに行うことです。例えば折り紙を折る時は、端と端がぴったり合わさるように折ります。出来上がりが雑だと、指示通りに出来ていても、いい加減に取り組んだと観られる可能性があります。ていねいに物事に取り組む姿勢は、自分の服をきちんと畳む、空の箱を畳んで捨てるなど、日常生活の作業１つひとつを行う中で自然と身に付くものです。お子さまに自分でできることを自分でさせると、上手にできるようになるだけでなく、できることを自分からするといった自立心も育むこともできます。

【おすすめ問題集】

Ｊｒ・ウォッチャー25「生活巧緻性」、実践 ゆびさきトレーニング①②③

問題26　分野：運動

〈準備〉　なし

〈問題〉　この問題の絵はありません。

①両手を前に出して、グー、パーと握って開く動きを繰り返してください。
②腕を大きく回します。前に２回、後ろに２回ずつ回してください。
③肩、ひざ、つま先、ひざの順番で、その場所を両手で触ってください。
④片足を上げて、両腕を横に伸ばし、飛行機のポーズを５秒間してください。
⑤両足を揃えてジャンプし、空中で両足を開いて着地してください。

〈時間〉　５分

〈解答〉　省略

学習のポイント

出題者のお手本に合わせて体を動かす「模倣体操」の問題は、毎年出題されています。内容は、準備体操のような簡単なもので、手足を指示通りに動かすだけです。ふだんから体を動かして遊んでいるお子さまなら、特に難しいことはないでしょう。当然、この問題の観点は、運動の巧拙ではありません。おそらく学校は、「指示をきちんと聞き、その通りに行動できるか」「課題に真剣に取り組んでいるか」「体を動かすことを子どもらしく楽しんでいるか」といった点を観ていると考えられます。なぜなら、これらの観点は、入学後の集団生活を行う時に必要な能力だからです。こうした力を身に付けるために、日ごろの生活の中でも、さまざまなことに積極的に取り組めるように誘導していくとよいでしょう。

【おすすめ問題集】

新運動テスト問題集、Ｊｒ・ウォッチャー28「運動」

問題27　分野：行動観察

〈準備〉　紙コップ、ゼッケン（赤・青・黄の３色）

〈問題〉　**この問題の絵はありません。**

（15人程度で行う。３～５人のグループに分かれ、グループごとに同じ色の帽子をかぶる）

チームのみんなで協力して、紙コップをなるべく高く積んでください。１番高く積めたチームが優勝です。「やめ」と言ったらおしまいにし、紙コップを片付けましょう。

〈時間〉　10分

〈解答〉　省略

学習のポイント

例年、グループで協力して作業し、その結果をほかのグループと競い合う課題が出されています。こうした課題では、お子さまが集団行動をする時に、どのように振る舞うかが観点の１つです。ポイントは、「初めて会うお友だちと自然と協力できるか」、「自分の意見を主張するだけでなく、人の意見に耳を傾けられるか」、「グループで方針が決まったら、それに協力して行動できるか」といったことです。つまり、積極性と協調性が観られています。そのため、幼稚園（保育園）での生活を通して、自分の意見を相手に伝え、他人の意見に耳を傾けることを学んでいってください。また、グループで課題に取り組んでいる最中に、ほかのお友だちが失敗して、紙コップを崩してしまうことがあるかもしれません。そうなっても、相手を責めるのではなく、励ますぐらいのコミュニケーション力があれば言うことはありません。その方が、グループ内の雰囲気が良くなりますし、ほかのお友だちも集中して課題に取り組もうという気になります。

【おすすめ問題集】

新口頭試問・個別テスト問題集、新ノンペーパーテスト問題集

問題28　分野：口頭試問

〈準備〉　なし

〈問題〉　これから質問をするので答えてください。

①お名前と、お家の住所を教えてください。
②今日はこの学校までどうやって来ましたか。
③お家でいつもしている遊びは何ですか。
（問題28の絵を見せて）
④この子たちはどんな気持ちだと思いますか。
⑤この後、あなたならどうしますか。

〈時間〉　５分

〈解答〉　省略

学習のポイント

グループでの行動観察の課題に取り組んでいる最中に、別の場所に１人ずつ呼ばれて口頭試問が行われます。お子さまは直前まで体を動かしてのですから、頭をすぐに切り替えて質問に答えることはかなり難しいでしょう。頭を切り替えて、今までやっていたことと違うことを行うというのは、「慣れればできる」ことですから、本問と同じような出題形式で練習をしておくとよいでしょう。また、当校の口頭試問で質問される内容は、お子さま自身に関することだけでなく、マナーに関するものもあります。マナーの基本は、他人の立場になってものを考えられることです。お子さまが「よくわらかない」とおっしゃるなら、絵の内容をもとに、どうしたらよいかお子さまと話し合ってみましょう。話し合っているうちに、正しい行動、対処の仕方がお子さまにも理解できるでしょう。

【おすすめ問題集】
新口頭試問・個別テスト問題集、新ノンペーパーテスト問題集

問題29　分野：お話の記憶

〈準備〉　サインペン（赤）、あらかじめ、問題29の絵を裏返しにして渡しておく。

〈問題〉　お話をよく聞いて後の質問に答えてください。
明日は歌の発表会です。イヌくん、ネコさん、ウシくん、リスさん、タヌキくんたちは、広場で歌の練習をするために、バスに乗って出かけました。バスが動き始めると、イヌくんは、「上手に歌えるようになったんだ。聞いてよ」と言って歌おうとしました。ネコさんは、「いいね、わたしも聞いてほしいな」と言いました。ウシくんは、「まわりの人たちの迷惑になるからダメだよ。広場に着いてから歌おう」と言いました。リスさんは、「まわりの人たちにも歌を聞かせてあげようよ。よろこぶよ」と言いました。タヌキくんは、「広場に着いてから歌えるよ。それよりも、追いかけっこをしようよ」と言いました。途中のバス停から、ヤギのおじいさんが乗ってきました。ウシくんは、「おじいさん、こちらの席に座ってください」といって、席をゆずりました。
広場に着いたので、みんなで歌の練習を始めました。大きな声で一生懸命歌いましたが、リスさんが間違えてしまいました。リスさんが、「ごめんね。もう１回歌おうよ」といったので、もう１回やり直すことにしました。それからもなかなか上手く声がそろいません。５回目でようやく声がそろいました。「明日はがんばろうね。そろそろお弁当をたべようよ」タヌキくんはそう言いながら、お弁当を開きました。タヌキくんのお弁当には、おにぎりが２つ、からあげが３つ、たまご焼きが２つ入っていて、とってもおいしそうです。みんなも持ってきたお弁当を食べました。お弁当を食べ終わったあとは、みんなでドッジボールをして遊びました。

（問題29の絵を見せる）
①バスの中で、正しいことを言ったの誰ですか。○をつけてください。
②みんなは広場で何回歌の練習をしましたか。その数だけ、○に赤で色を塗ってください。
③タヌキくんのお弁当はどれですか。正しいものに○をつけてください。
④お弁当を食べ終わったあと、みんなで何をしましたか。正しいものに○をつけてください。

〈時間〉　各10秒

〈解答〉　①右から２番目（ウシ）　②○：５　③右端
④左から２番目（ドッジボール）

学習のポイント

当校のお話の記憶の特徴を整理すると、お話は600字から800字程度で、動物のお友だちが集まって一緒にお出かけするという内容の話が多いようです。話自体は複雑な内容ではありませんが、記憶するのが難しい印象があるのは、登場人物が多いからでしょう。質問は４問程度で、内容は、あらすじに沿った行動、マナー、持ち物などが問われています。お話がいくつかの場面に分けられていることも特徴の１つなので、お話を覚える際には、場面ごとに情景をイメージしながら聞くとよいでしょう。そうすると、できごとや登場人物の出入りがわかりやすくなり、余裕を持ってお話を聞き取りることができます。ふだんの練習では、「お話を大きく２つに分けるとどうなるかな」などの場面を分ける質問をしたり、「最初の場面では、どんなことがあった」と、お話の展開を意識できるような質問をしてみましょう。場面分けの意識ができるようになったら、細かい描写に関する質問を加えてください。

【おすすめ問題集】
　１話５分の読み聞かせお話集①・②、お話の記憶　初級編・中級編・上級編、
　Ｊｒ・ウォッチャー19「お話の記憶」

問題30　分野：巧緻性（運筆）

〈準 備〉　サインペン（赤）

〈問 題〉　線と線の間をはみださないようにしてなぞってください。始める場所は好きなところからでいいですよ。

〈時 間〉　１分

〈解 答〉　省略

学習のポイント

指示にしたがって線を引く運筆の問題です。自分で始点を決めてから線をなぞっていく形式が特徴です。絵の角など、書きやすいところから始めればよいでしょう。本問では、２本の線の間からはみださずに線を引く力が要求されています。このような問題では、直線部分と曲線部分での鉛筆の使い方がポイントになります。直線部分では、一定のスピードを保ちながらペンを動かし、線が歪まないように注意します。一方、曲線部分ではゆっくりとペンを動かし、カーブや曲がり角ではみ出してしまわないように気を配ってください。練習問題に取り組む前に、真っすぐな線、細かく曲がった線などを書く練習をして、スムーズにペンを動かせるようにしてください。もし、縦または横向きの線がうまく引けない場合は、紙の方を回しながら線を引くようにしてみるのもよいでしょう。

【おすすめ問題集】
　Ｊｒ・ウォッチャー51「運筆①」、52「運筆②」

東京学芸大学附属世田谷小学校　専用注文書

年　　月　　日

合格のための問題集ベスト・セレクション

＊入試頻出分野ベスト３

1st お話の記憶　集中力　聞く力

2nd 常　識　知　識　公　共

3rd 口頭試問　聞く力　話す力

ペーパーテスト・口頭試問ではマナー・常識に関する出題がされています。年齢相応のマナー・常識は身に付けておきましょう。図形、巧緻性の問題も学力の基礎があれば解ける問題です。基礎レベルなので、どのお子さまも解答してきます。１つひとつの問題を間違えないように集中していきましょう。

分野	書　名	価格(税込)	注文	分野	書　名	価格(税込)	注文
図形	Ｊｒ・ウォッチャー１「点・線図形」	1,650円	冊	常識	Ｊｒ・ウォッチャー56「マナーとルール」	1,650円	冊
図形	Ｊｒ・ウォッチャー３「パズル」	1,650円	冊		実践 ゆびさきトレーニング①②③	2,750円	各　冊
図形	Ｊｒ・ウォッチャー９「合成」	1,650円	冊		面接テスト問題集	2,200円	冊
記憶	Ｊｒ・ウォッチャー19「お話の記憶」	1,650円	冊		１話５分の読み聞かせお話集①②	1,980円	各　冊
巧緻性	Ｊｒ・ウォッチャー25「生活巧緻性」	1,650円	冊		お話の記憶 初級編	2,860円	冊
常識	Ｊｒ・ウォッチャー27「理科」	1,650円	冊		お話の記憶 中級編・上級編	2,200円	各　冊
運動	Ｊｒ・ウォッチャー28「運動」	1,650円	冊		新 個別テスト・口頭試問問題集	2,750円	冊
行動観察	Ｊｒ・ウォッチャー29「行動観察」	1,650円	冊		新 運動テスト問題集	2,420円	冊
常識	Ｊｒ・ウォッチャー30「生活習慣」	1,650円	冊		新 願書・アンケート・作文 文例集 500	2,860円	冊
常識	Ｊｒ・ウォッチャー34「季節」	1,650円	冊				
巧緻性	Ｊｒ・ウォッチャー51「運筆①」	1,650円	冊				
巧緻性	Ｊｒ・ウォッチャー52「運筆②」	1,650円	冊				
図形	Ｊｒ・ウォッチャー54「図形の構成」	1,650円	冊				
常識	Ｊｒ・ウォッチャー55「理科②」	1,650円	冊				

合計	冊	円

（フリガナ） 氏　名	電　話 ＦＡＸ E-mail
住 所　〒　　　－	以前にご注文されたことはございますか。 有　・　無

★お近くの書店、または記載の電話・FAX・ホームページにてご注文をお受けしております。
電話：03-5261-8951　FAX：03-5261-8953　代金は書籍合計金額＋送料がかかります。
※なお、落丁・乱丁以外の理由による商品の返品・交換には応じかねます。

★ご記入頂いた個人に関する情報は、当社にて厳重に管理致します。なお、ご購入の商品発送の他に、当社発行の書籍案内、書籍に関する調査に使用させて頂く場合がございますので、予めご了承ください。

日本学習図書株式会社
http://www.nichigaku.jp

問題1

①

②

③

問題2

問題３－１

①

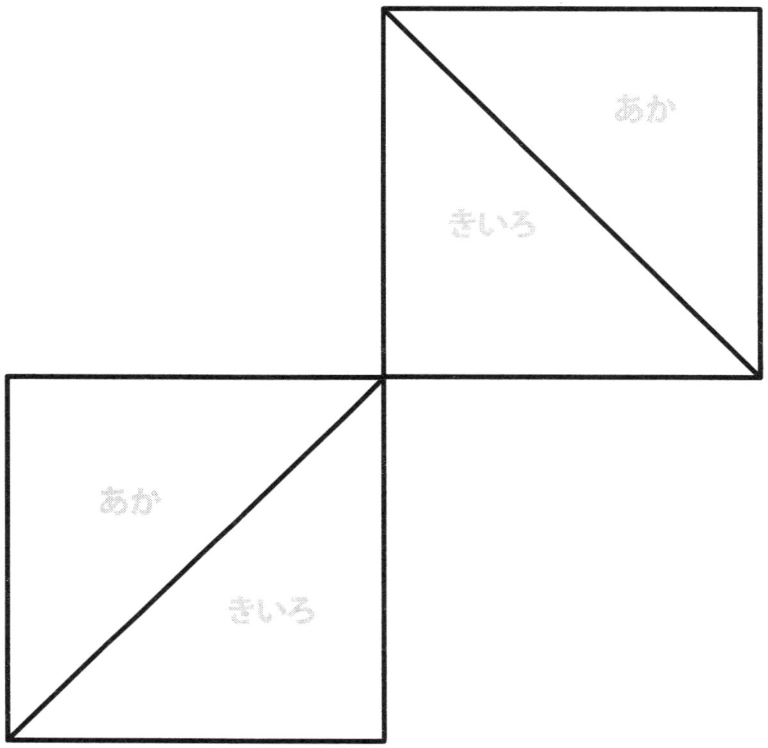

②

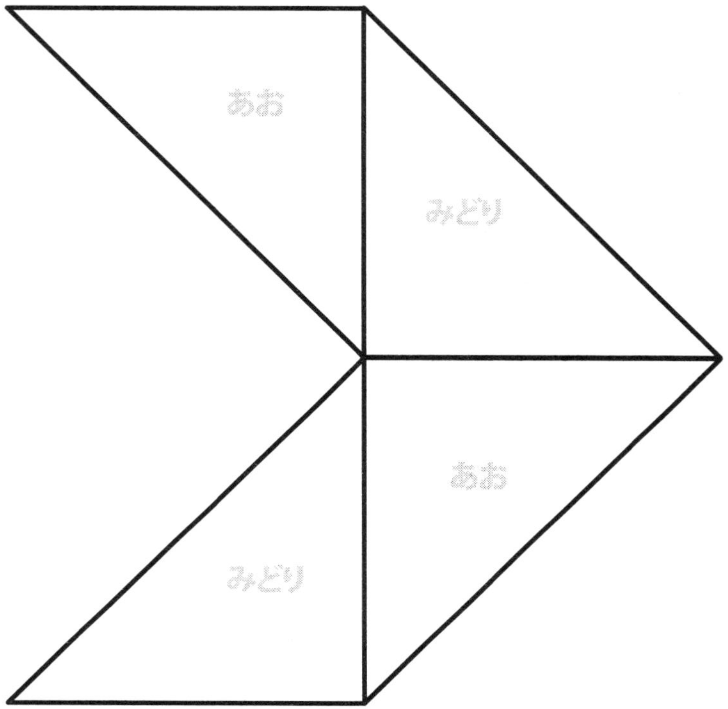

問題3－2

①

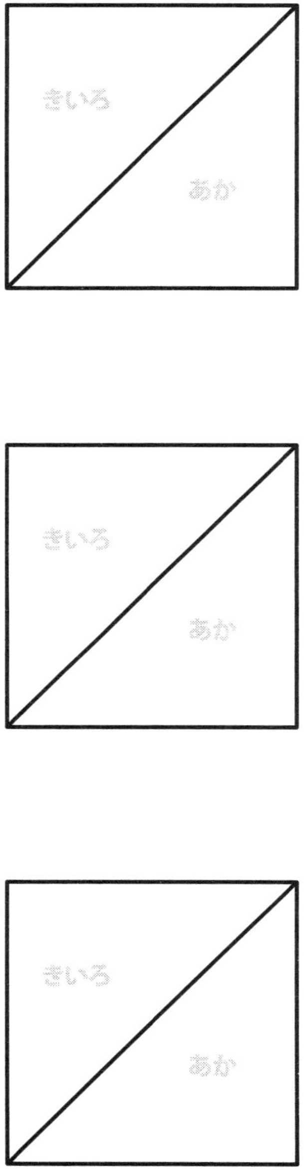

②

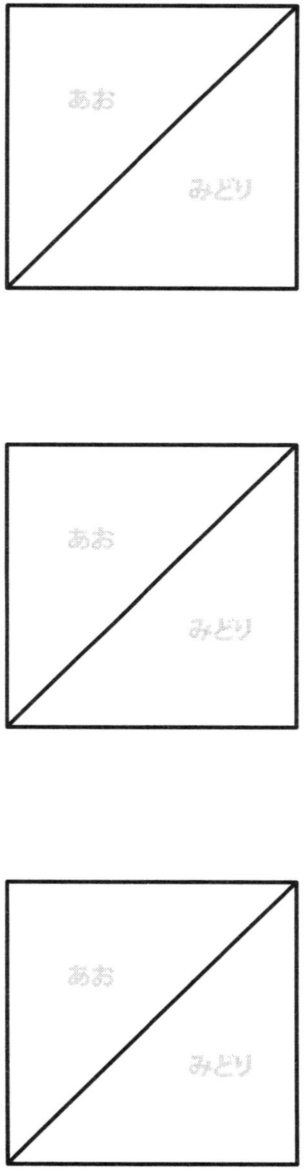

問題 7 − 1

〈出題者用見本〉

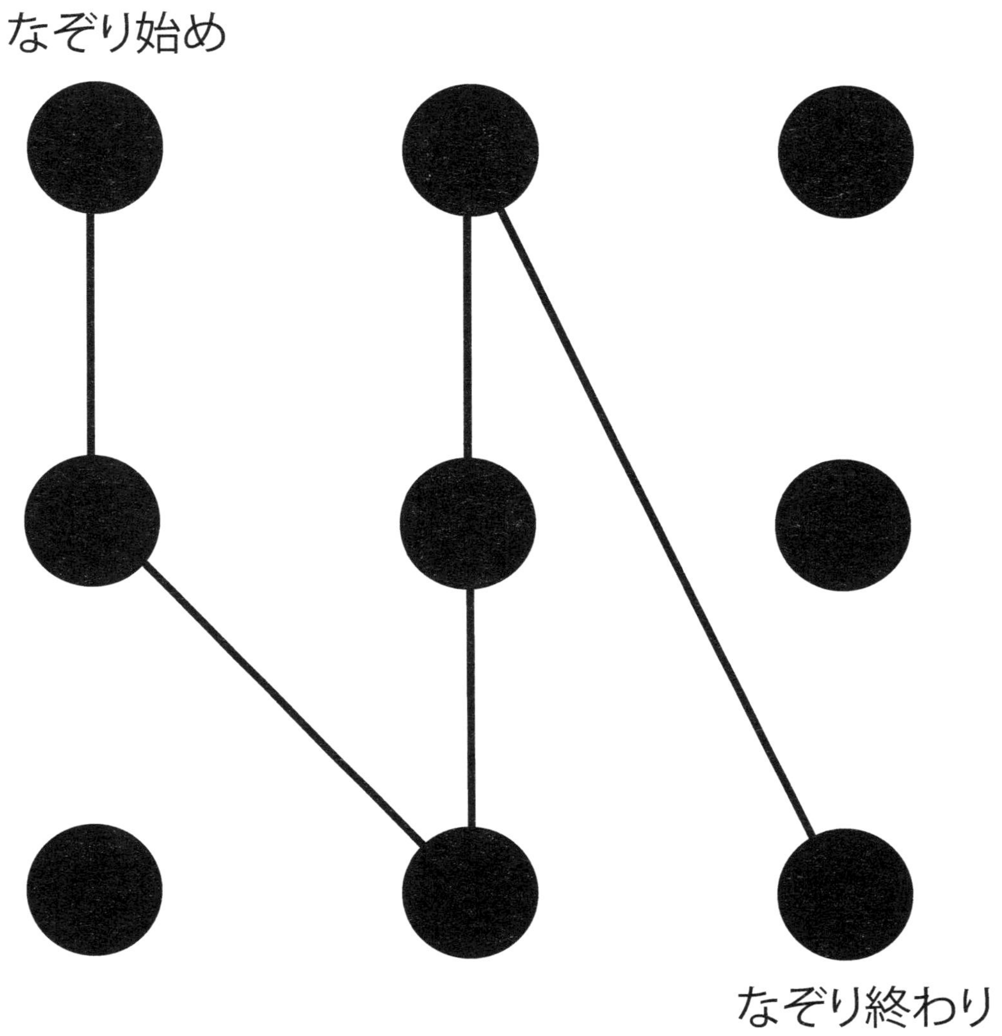

問題7－2

〈出題者用〉

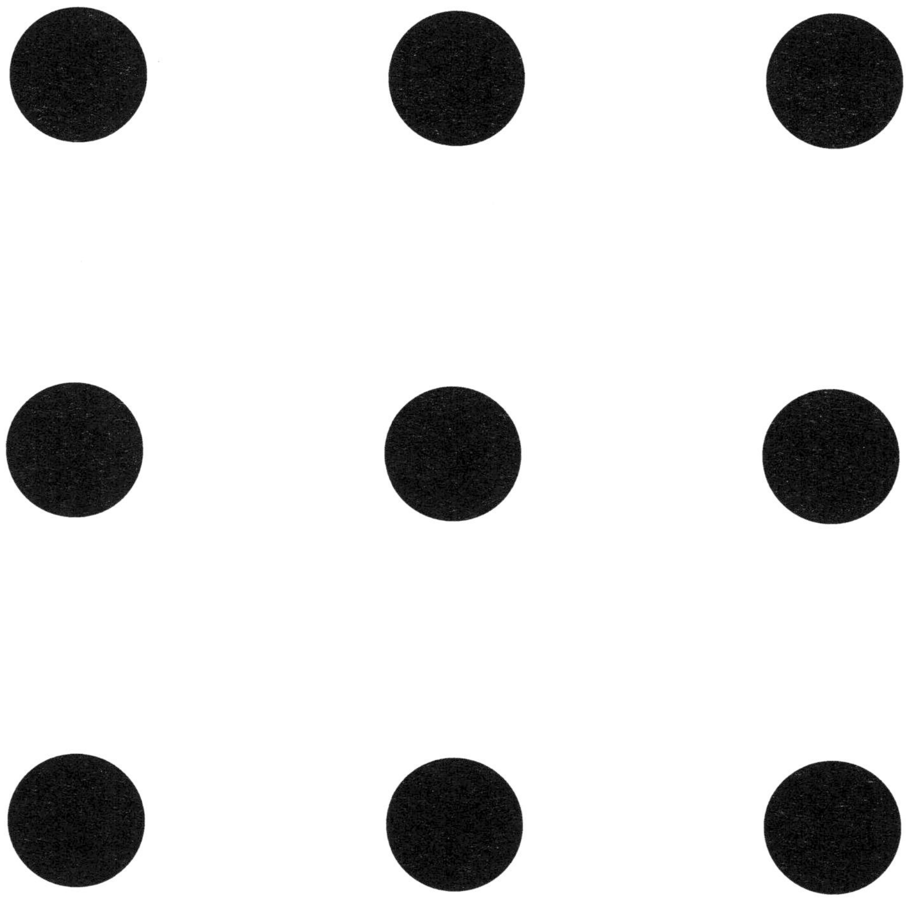

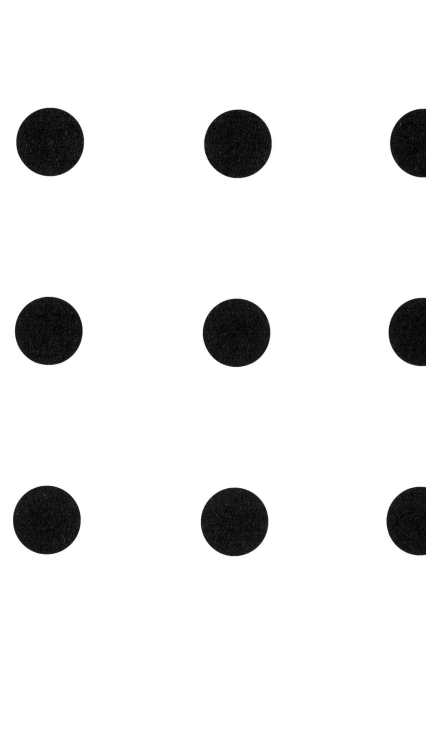

問題7－3

〈志願者用〉

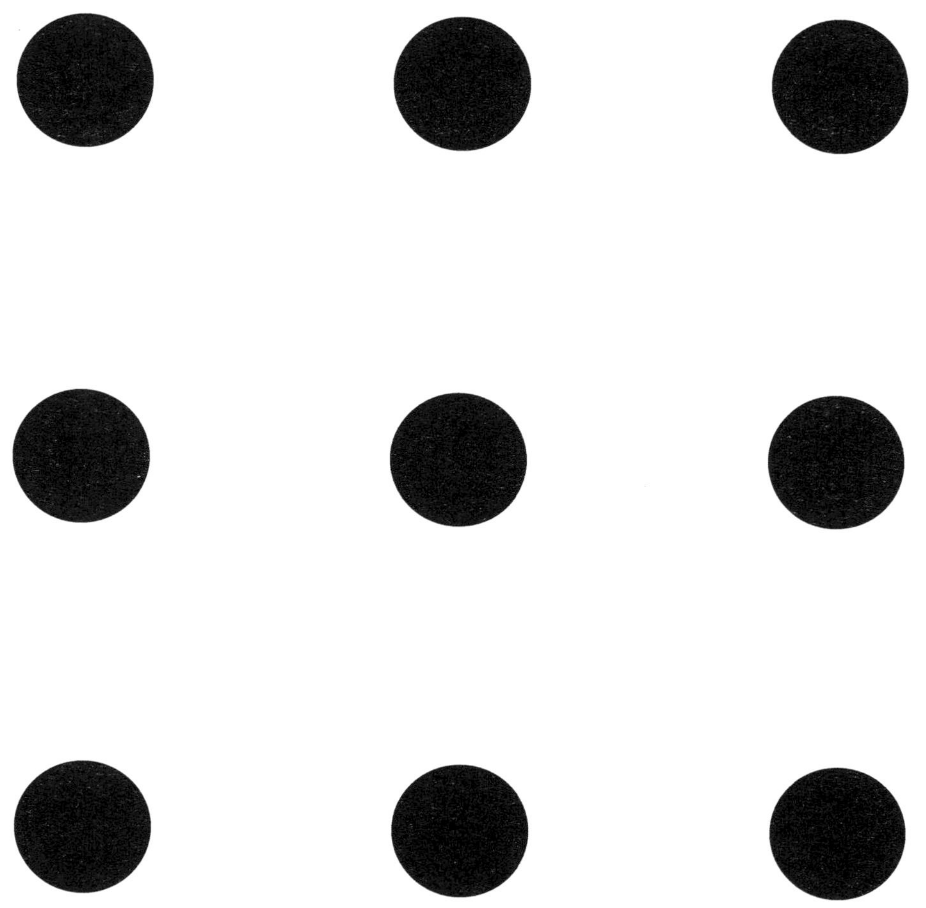

2022 年度　附属世田谷小学校　ステップアップ　無断複製／転載を禁ずる

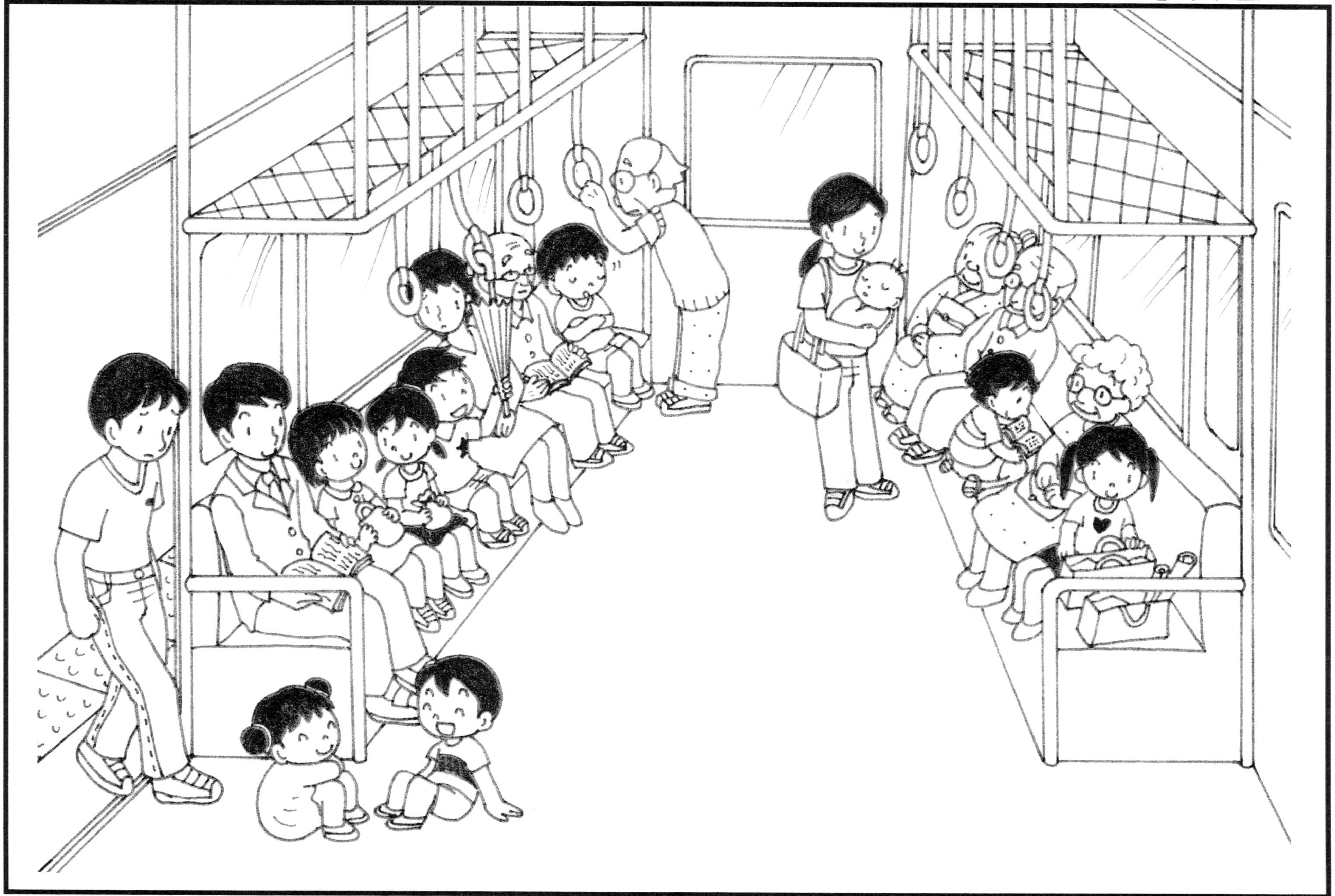

問題9

①

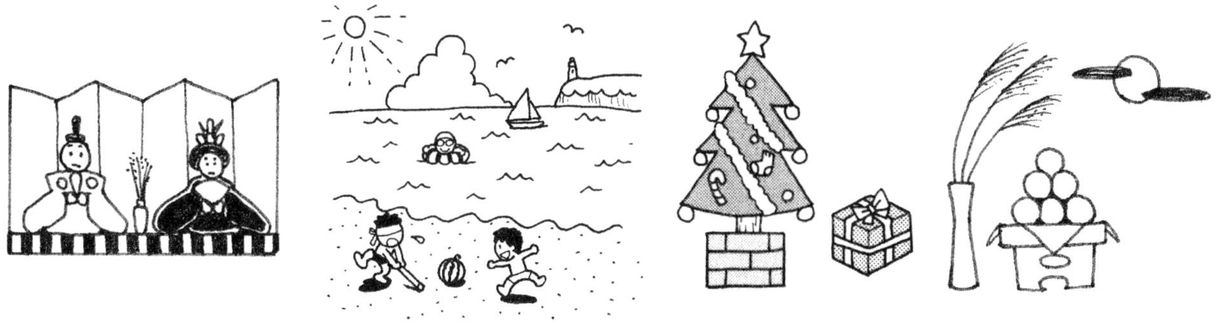

②

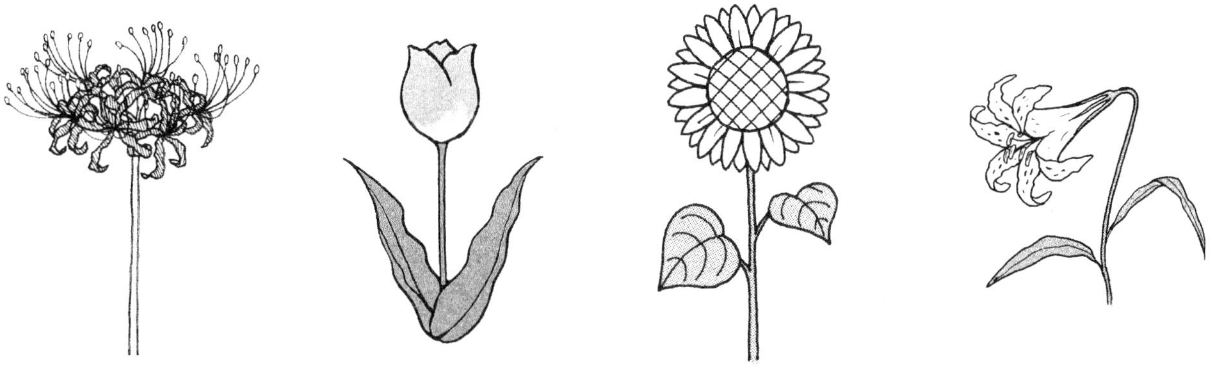

③

④

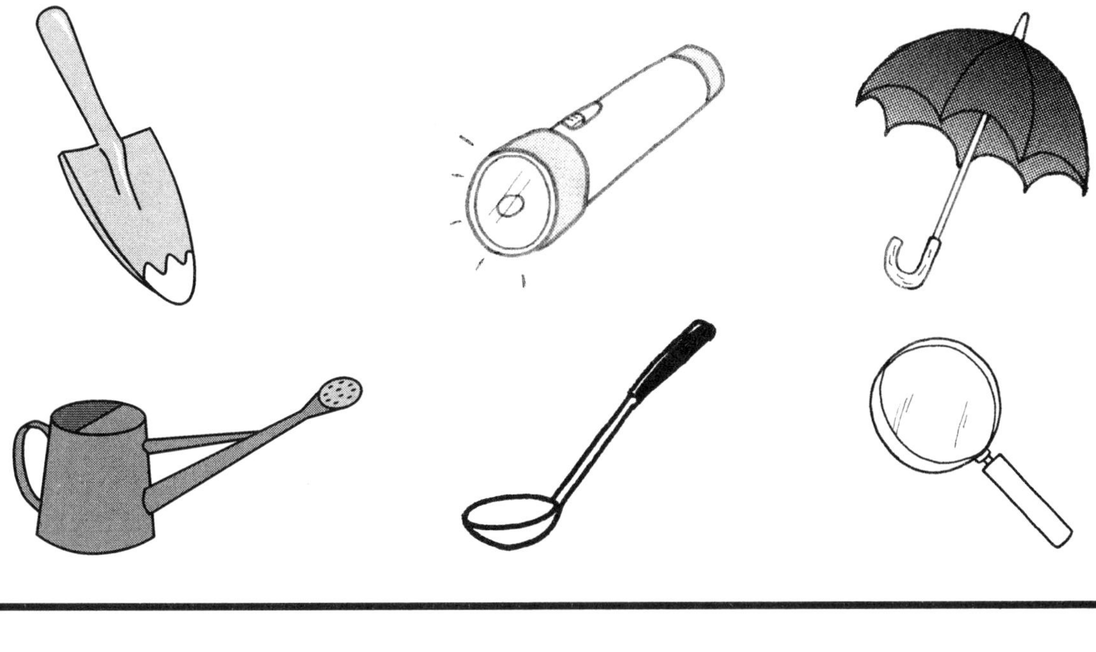

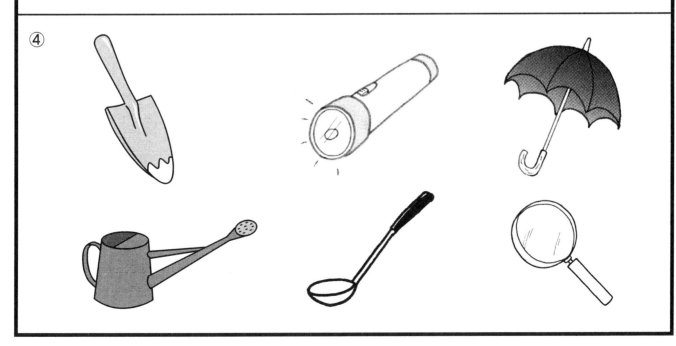

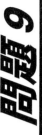

①

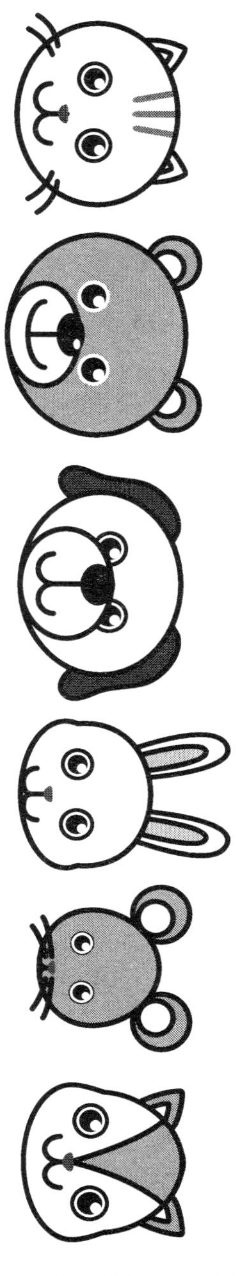

②

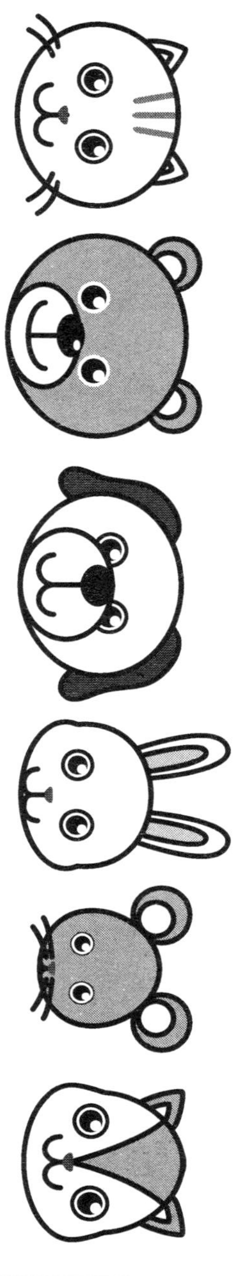

③

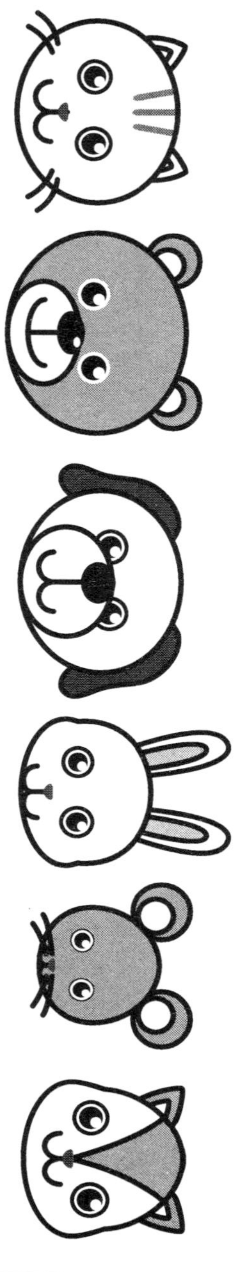

問題１０－２

④

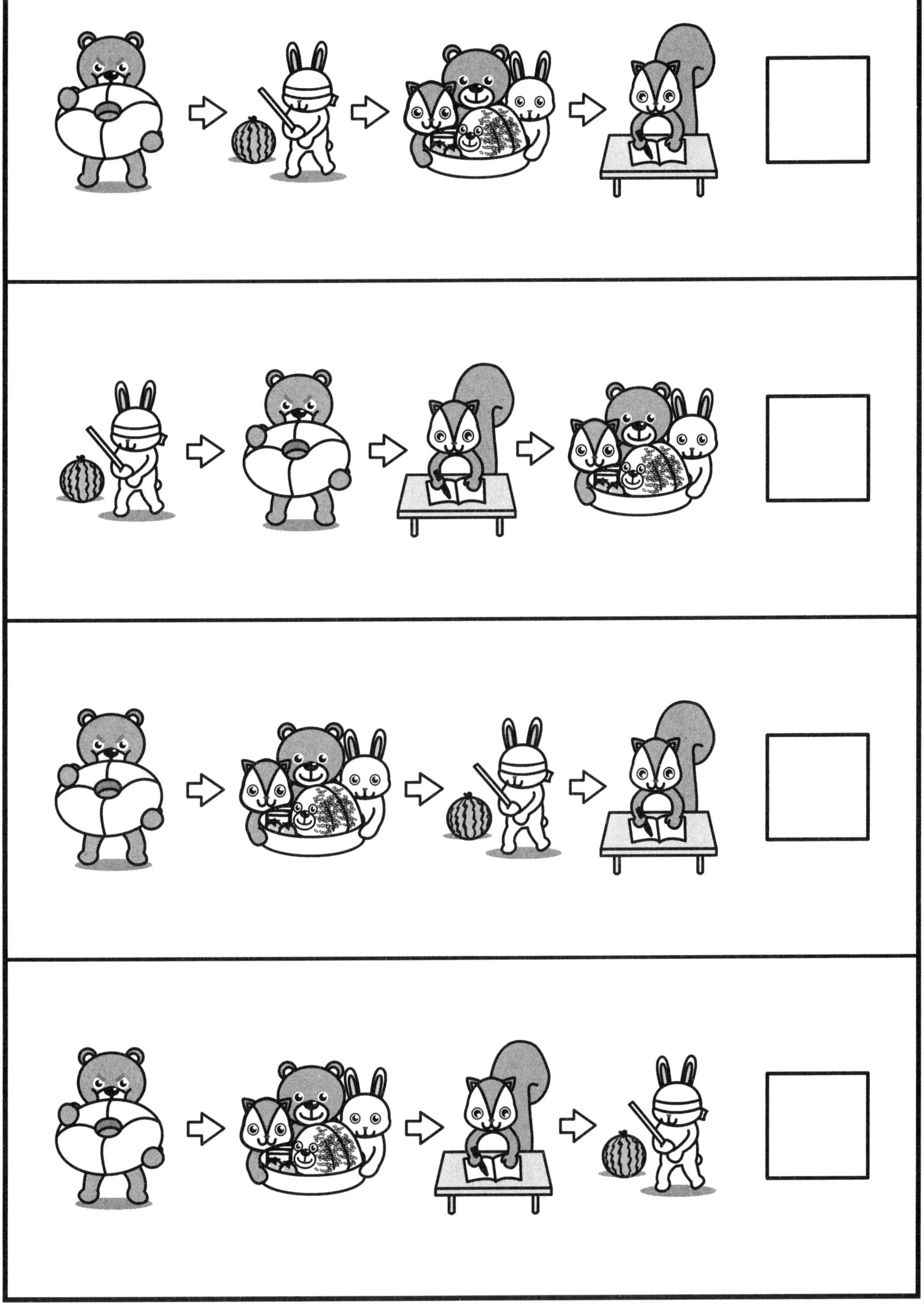

   日本学習図書株式会社

問題11

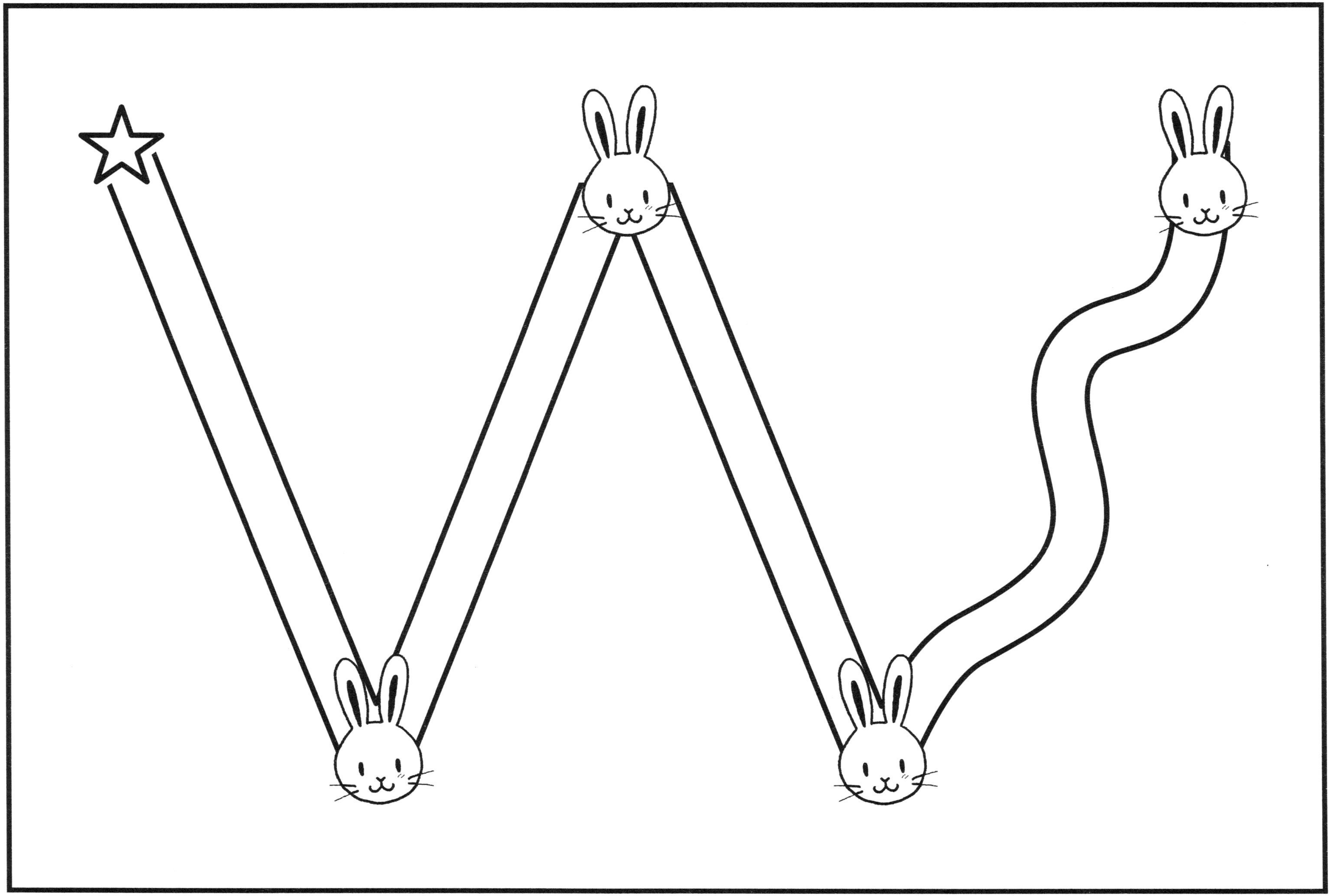

問題１２

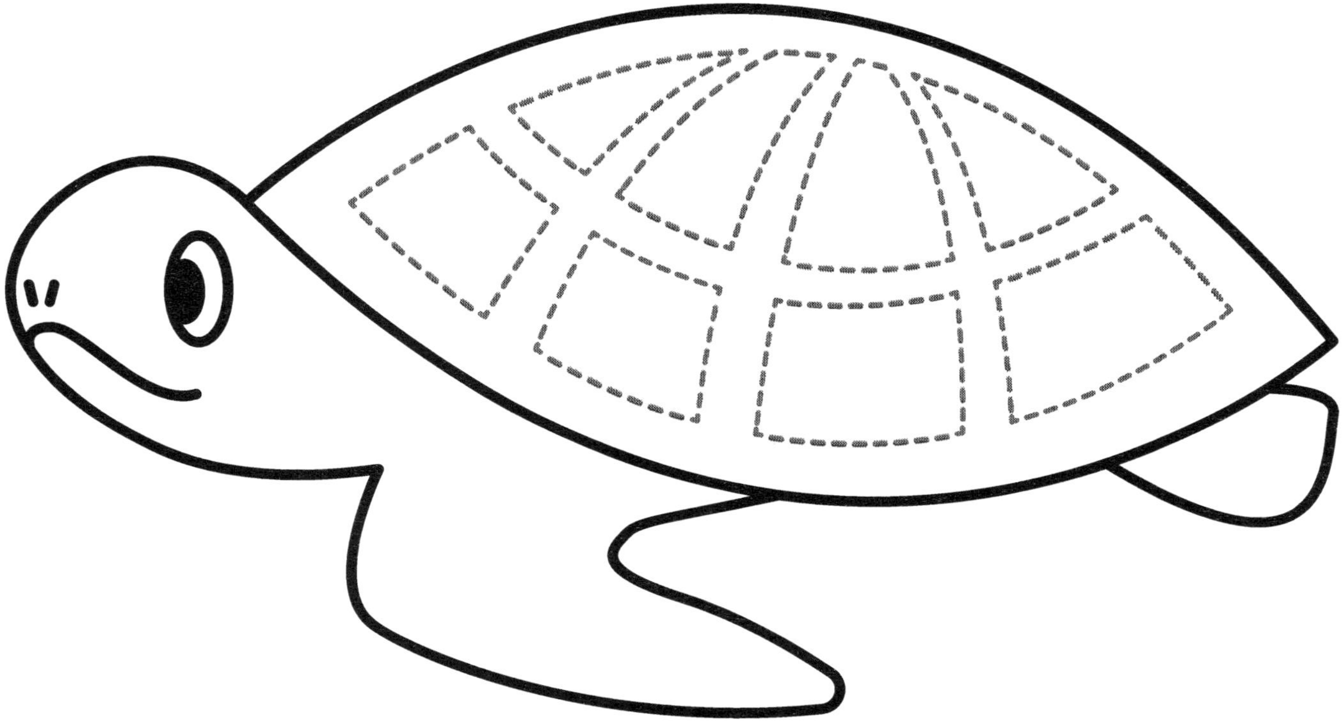

問題１３

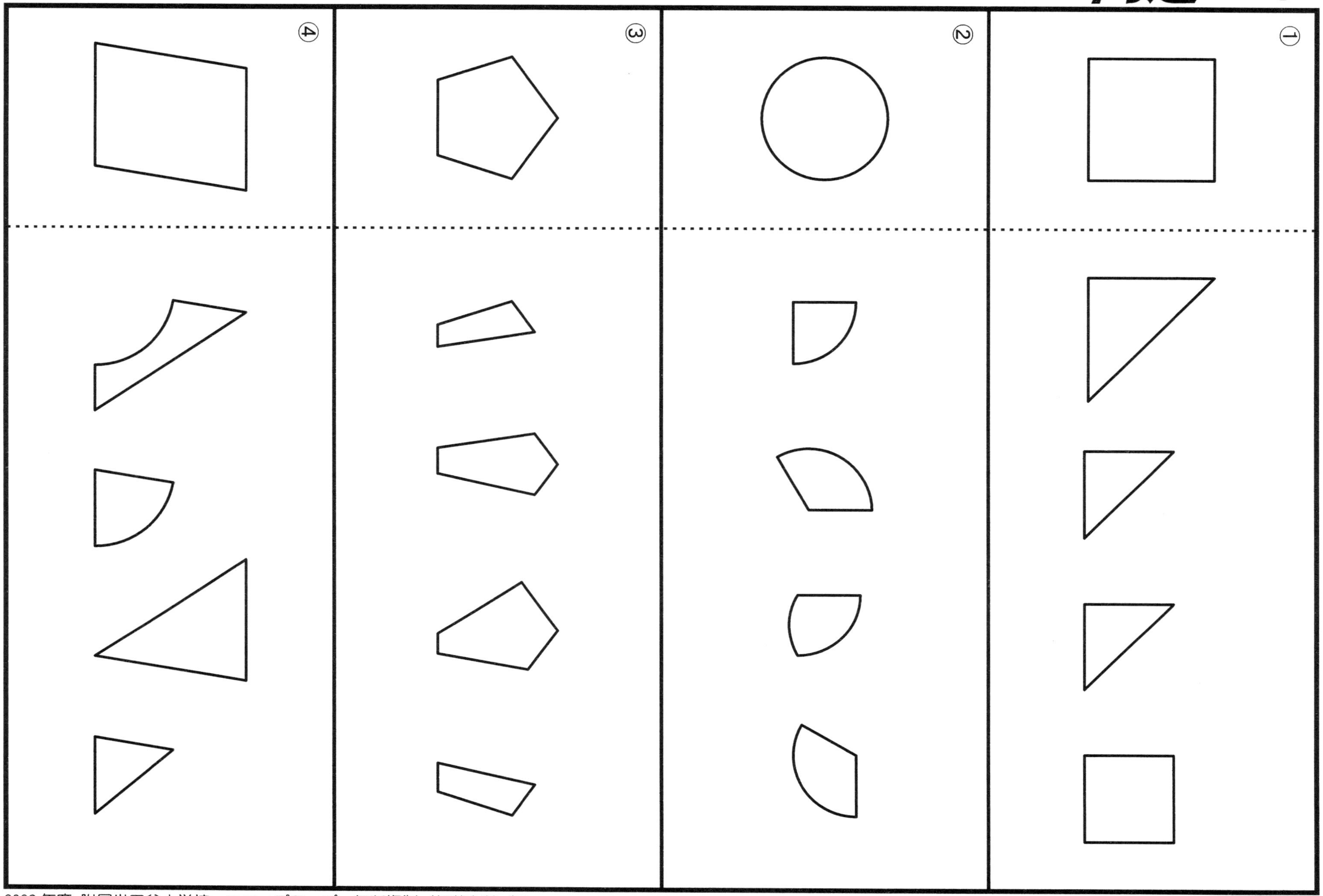

問題16

2022年度 附属世田谷小学校 ステップアップ 無断複製／転載を禁ずる 日本学習図書株式会社

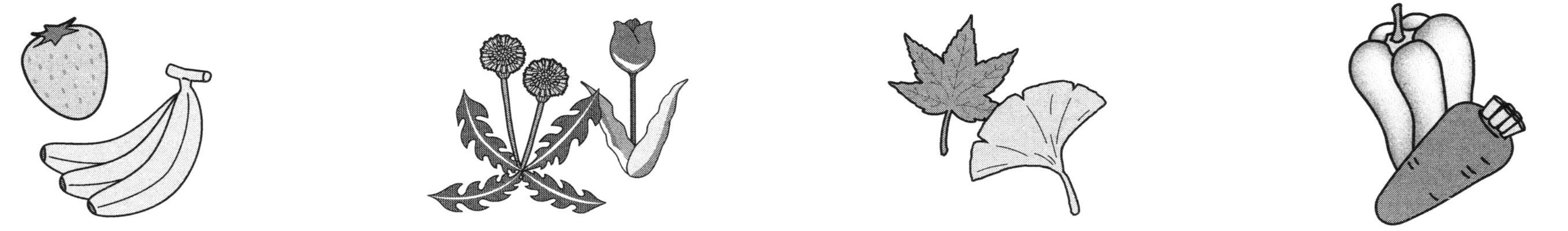

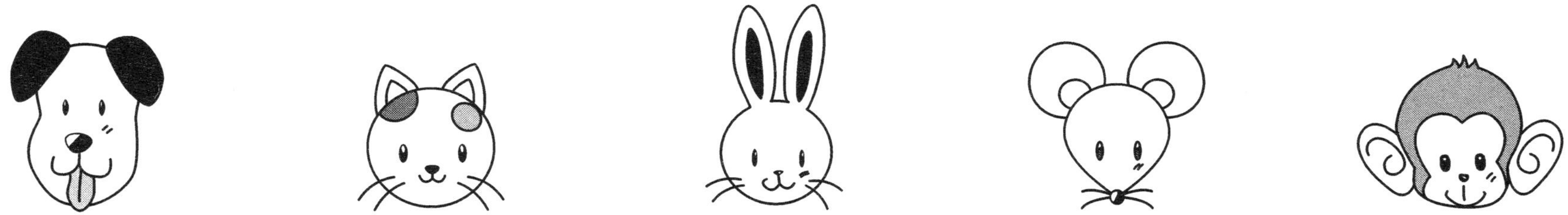

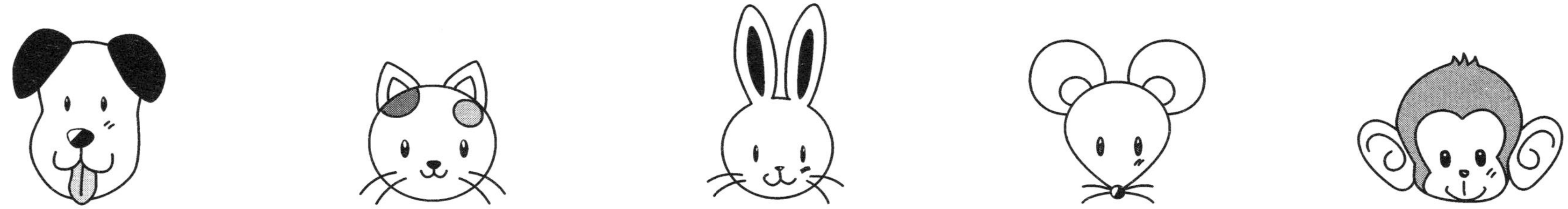

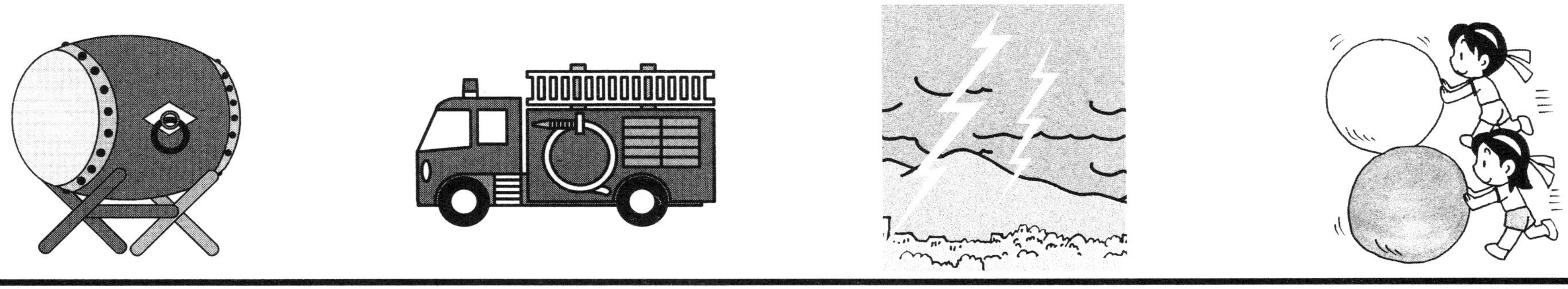

問題17

日本学習図書株式会社

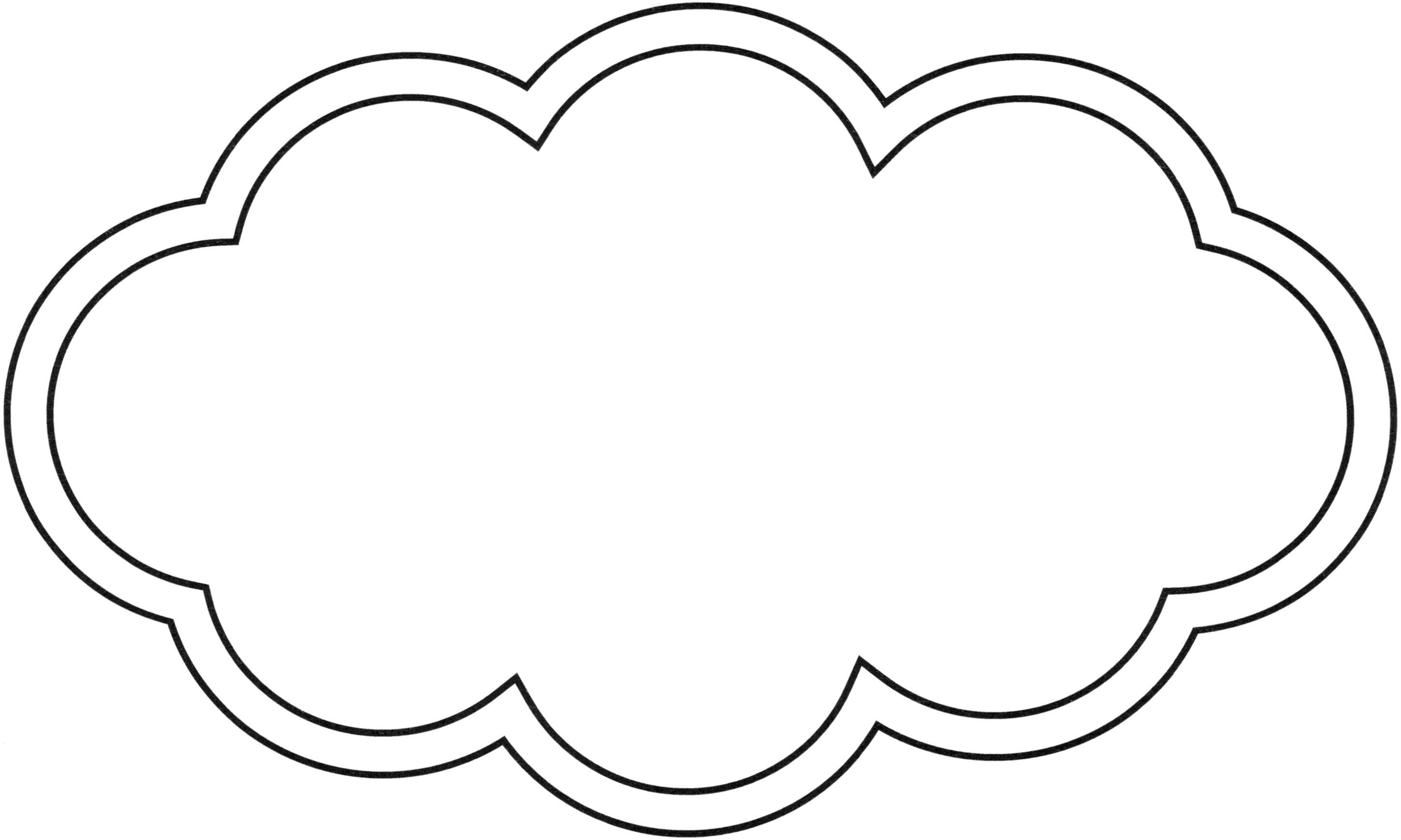

問題１８

問題１９－１

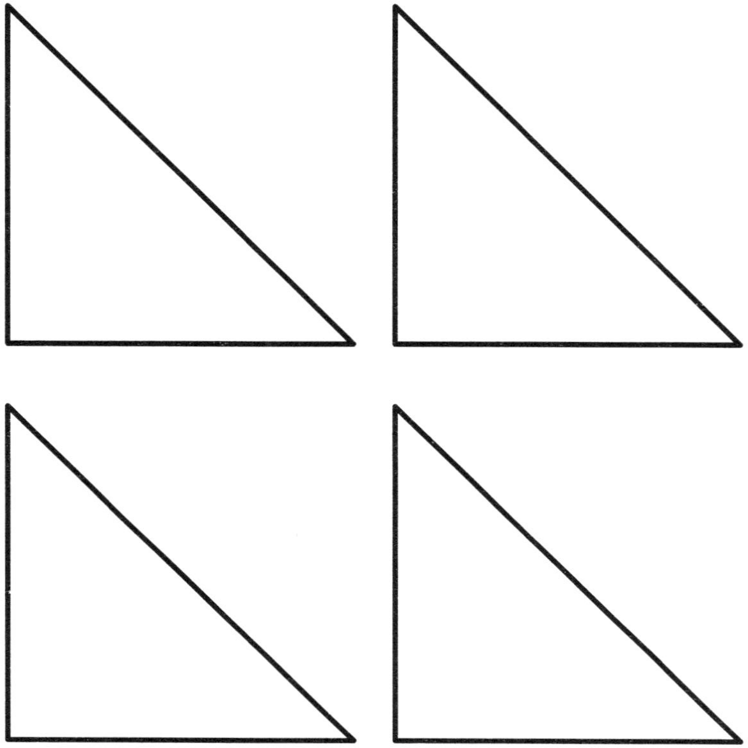

※線に沿って切り抜き、片面を赤、
反対側の面をピンク色で塗る。

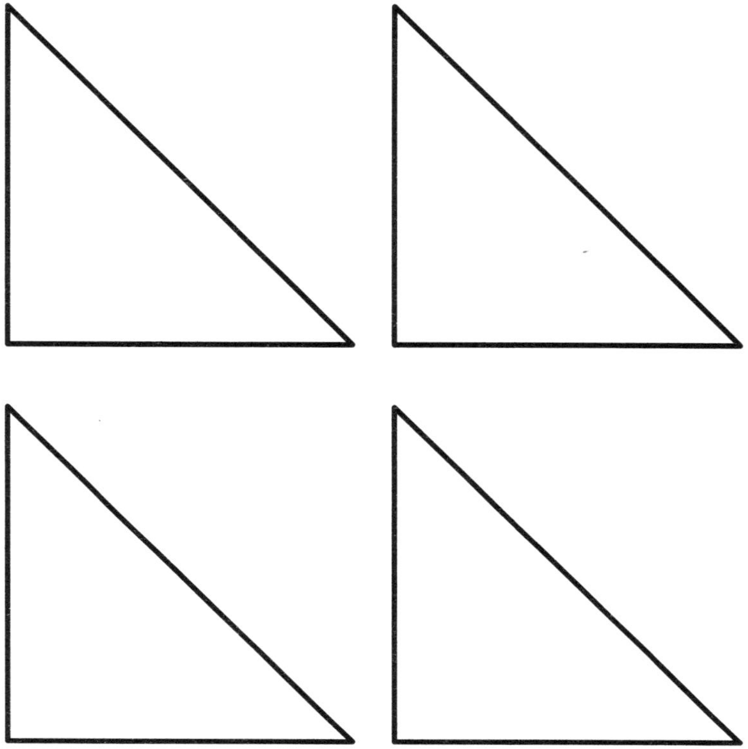

※線に沿って切り抜き、片面を青色、
反対側の面を水色で塗る。

問題１９－２

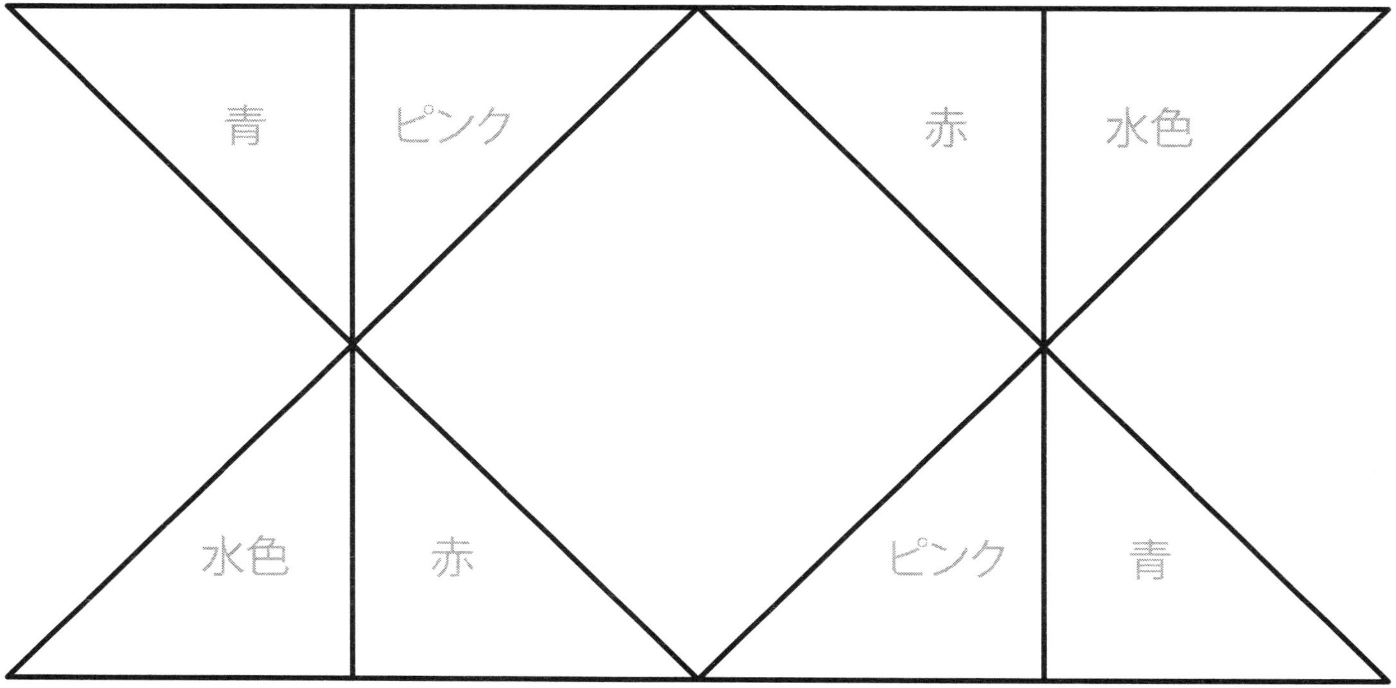

問題２０－１

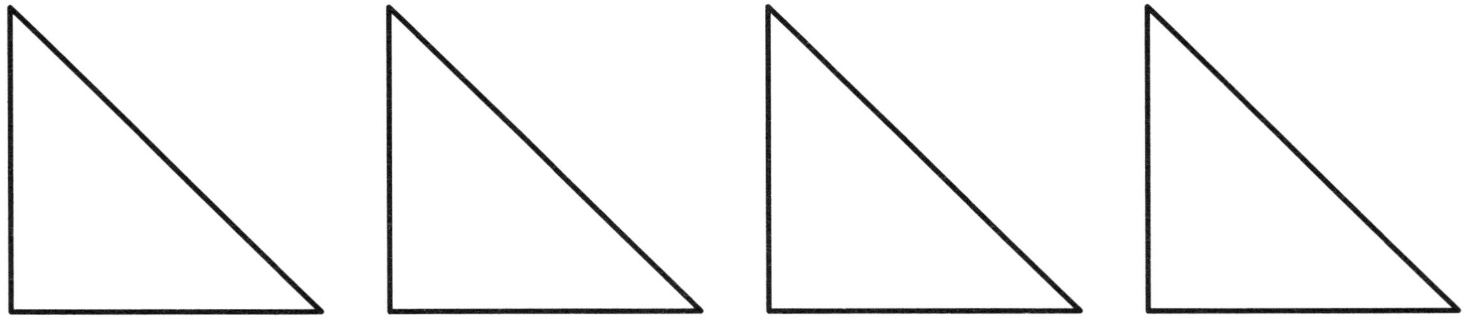

※線に沿って切り抜き、
オモテ面を赤で塗る。

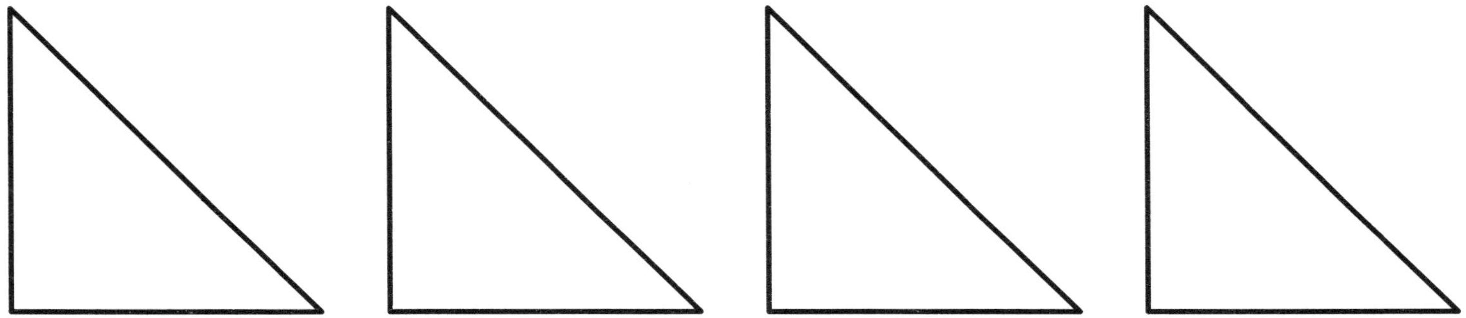

※線に沿って切り抜き、
オモテ面を黄色で塗る。

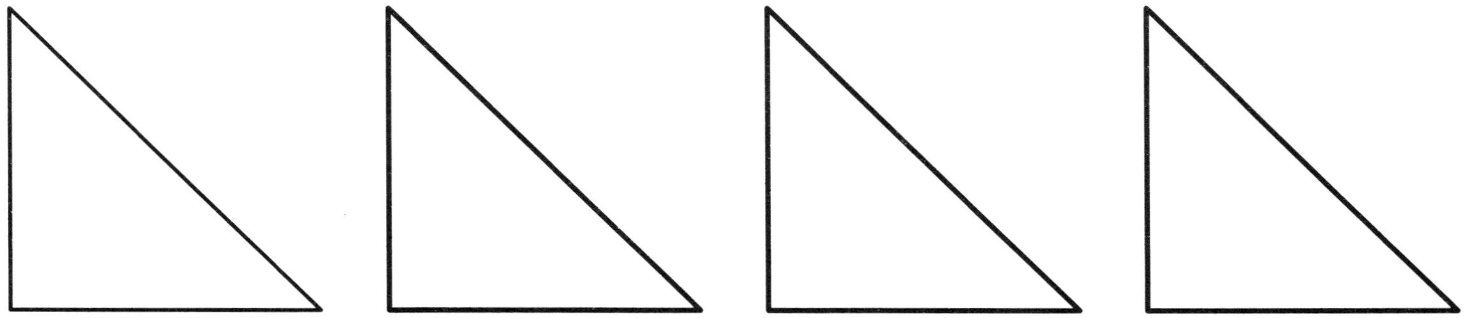

※線に沿って切り抜き、
オモテ面を緑で塗る。

問題20－2

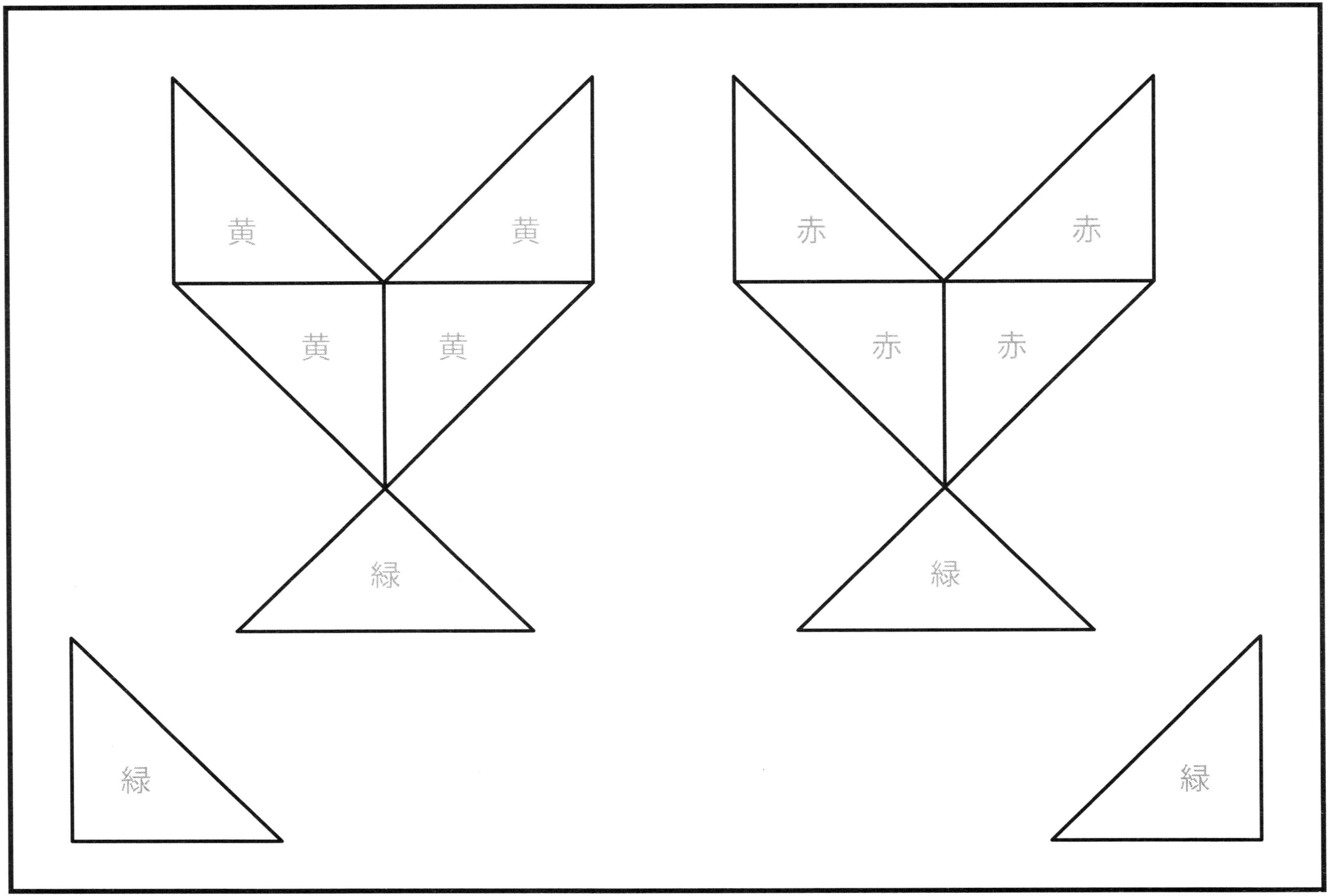

問題22

①

②

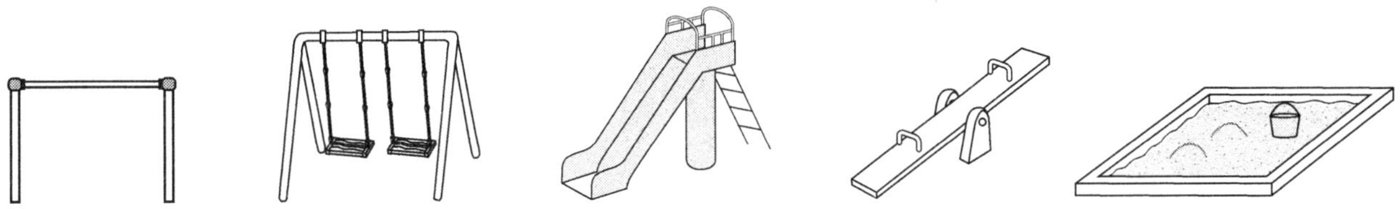

③

④

⑤

日本学習図書株式会社

問題23

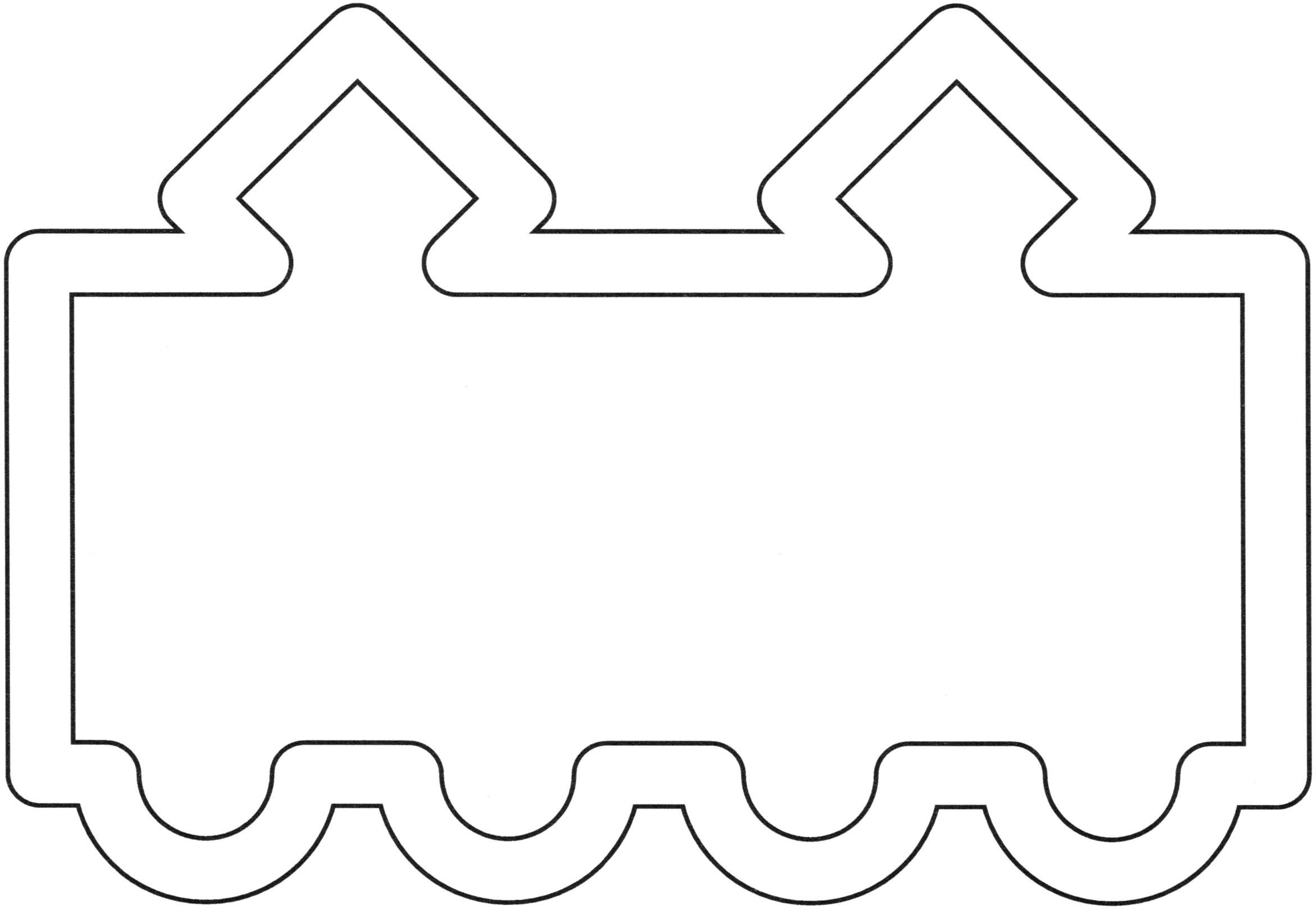

青

青

赤

赤

オレンジ

オレンジ

紫

紫

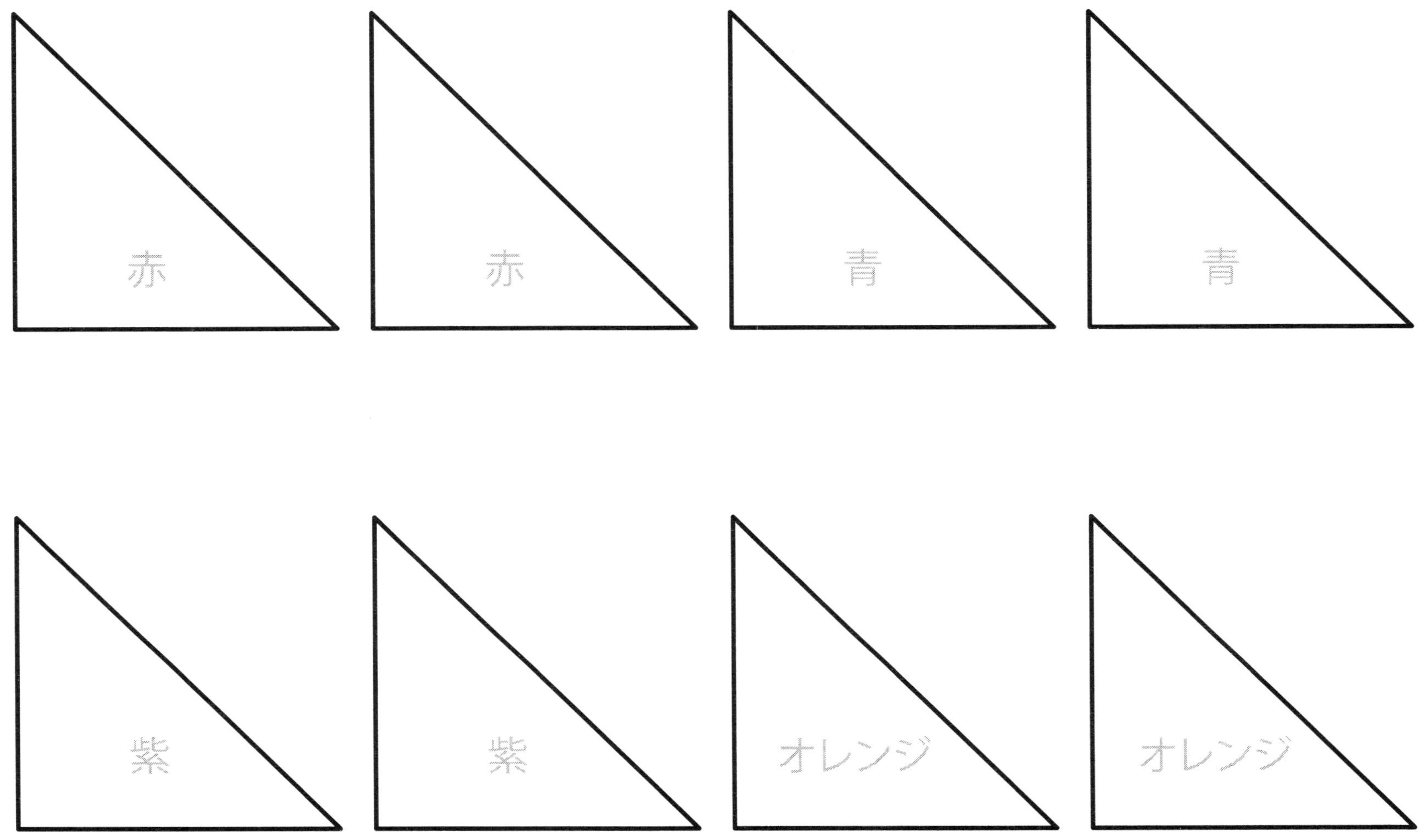

オレンジ
紫
赤
赤
青
紫
オレンジ
青

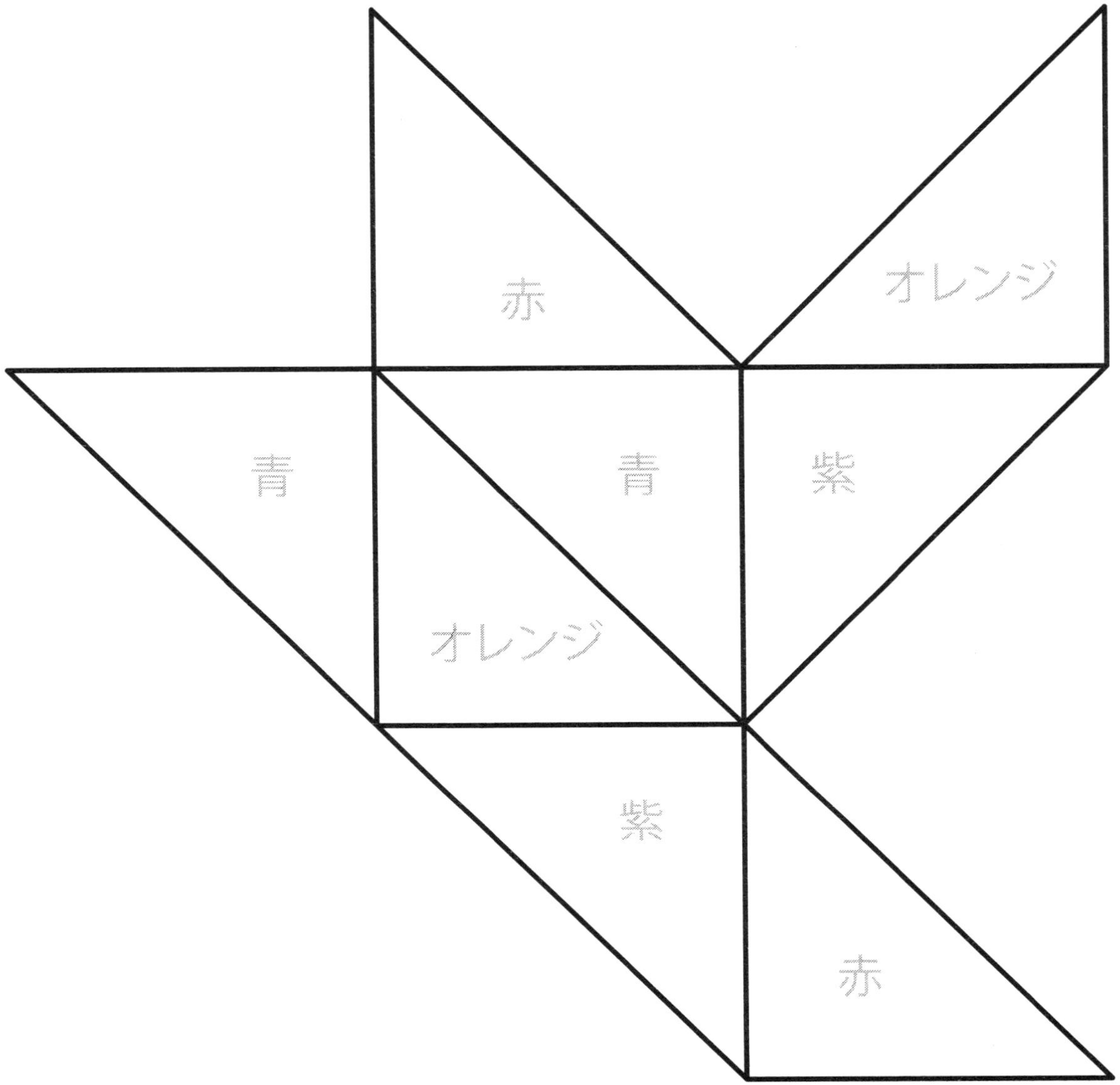

2022 年度 附属世田谷小学校 ステップアップ 無断複製／転載を禁ずる 日本学習図書株式会社

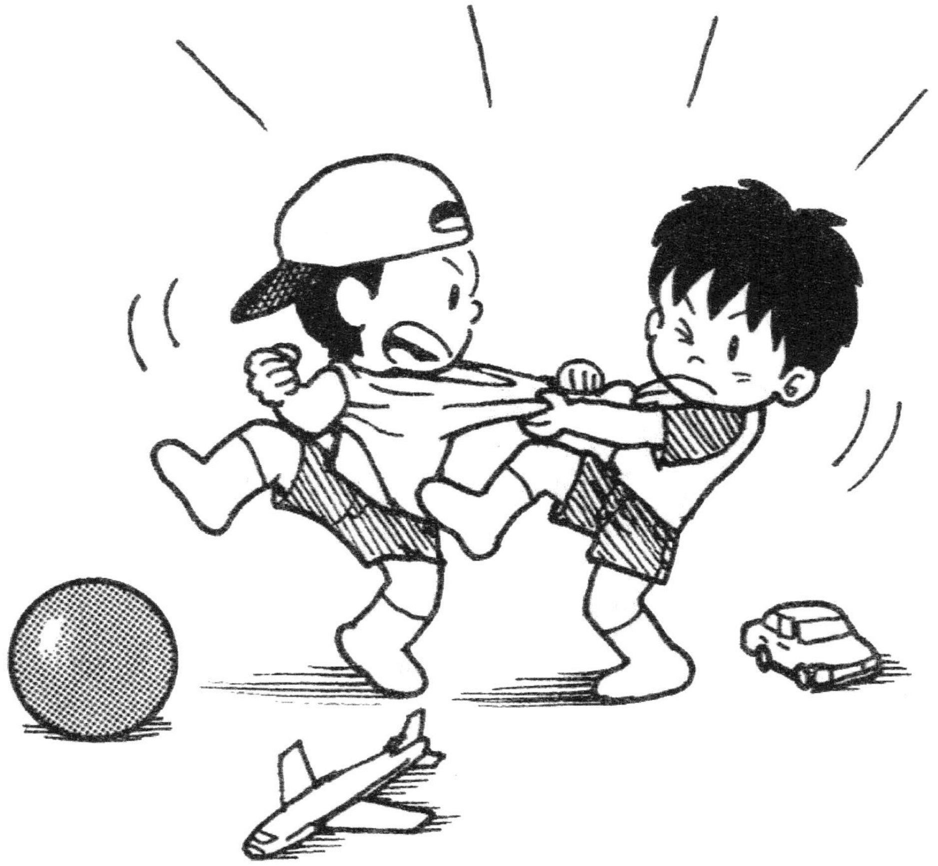

2022年度 附属世田谷小学校 ステップアップ 無断複製／転載を禁ずる　日本学習図書株式会社

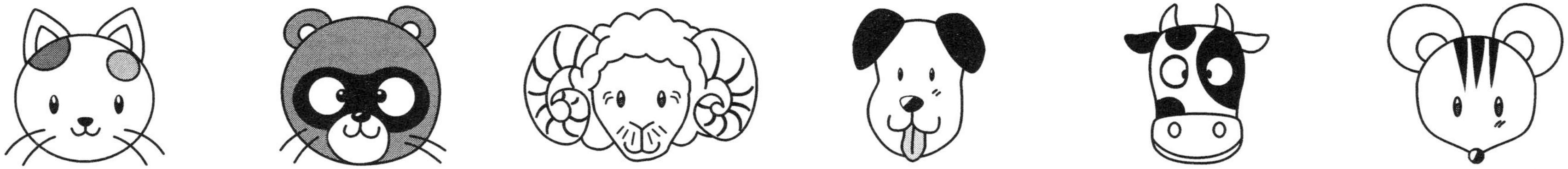

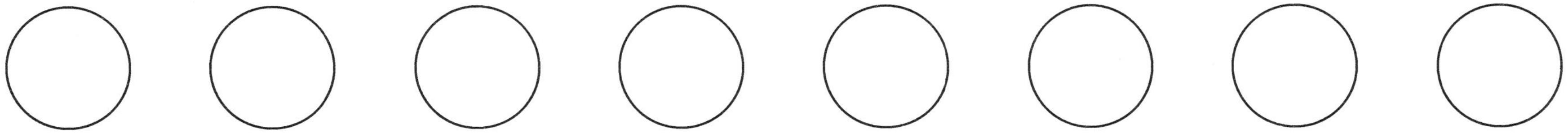

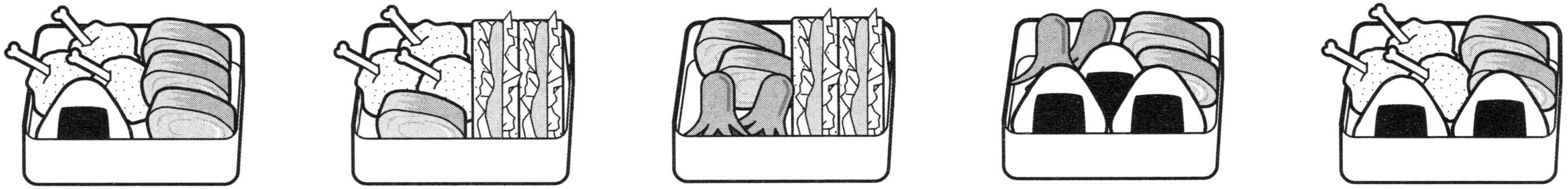

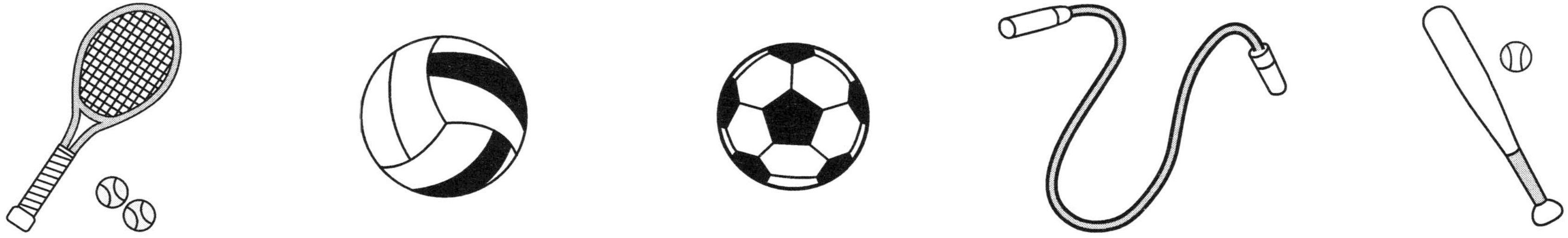

問題３０

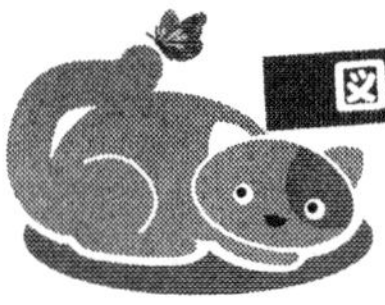

図書カード 1000 円分プレゼント

ご記入日 令和　　年　　月　　日

☆国・私立小学校受験アンケート☆

※可能な範囲でご記入下さい。選択肢は○で囲んで下さい。

〈小学校名〉＿＿＿＿＿＿＿＿＿＿＿＿　**〈お子さまの性別〉**男・女　**〈誕生月〉**＿＿月

〈その他の受験校〉（複数回答可）＿＿＿＿＿＿＿＿＿＿＿＿＿＿＿＿

〈受験日〉①：＿＿月＿＿日　**〈時間〉**＿＿時＿＿分　～　＿＿時＿＿分

②：＿＿月＿＿日　**〈時間〉**＿＿時＿＿分　～　＿＿時＿＿分

〈受験者数〉　男女計＿＿名　（男子＿＿名　女子＿＿名）

〈お子さまの服装〉＿＿＿＿＿＿＿＿＿＿＿＿＿＿

〈入試全体の流れ〉（記入例）準備体操→行動観察→ペーパーテスト

＿＿＿＿＿＿＿＿＿＿＿＿＿＿＿＿＿＿＿＿＿＿＿＿

Eメールによる情報提供

日本学習図書では、Eメールでも入試情報を募集しております。

下記のアドレスに、アンケートの内容をご入力の上、メールをお送り下さい。

ojuken@nichigaku.jp

●行動観察

（例）好きなおもちゃで遊ぶ・グループで協力するゲームなど

〈実施日〉＿＿月＿＿日　**〈時間〉**＿＿時＿＿分　～　＿＿時＿＿分　**〈着替え〉**□有　□無

〈出題方法〉　□肉声　□録音　□その他（　　　　　　）　**〈お手本〉**□有　□無

〈試験形態〉　□個別　□集団（　　　人程度）

〈会場図〉

〈内容〉

□自由遊び

＿＿＿＿＿＿＿＿＿＿＿＿＿＿＿＿＿＿＿＿

□グループ活動

＿＿＿＿＿＿＿＿＿＿＿＿＿＿＿＿＿＿＿＿

□その他

＿＿＿＿＿＿＿＿＿＿＿＿＿＿＿＿＿＿＿＿

●運動テスト（有・無）

（例）跳び箱・チームでの競争など

〈実施日〉＿＿月＿＿日　**〈時間〉**＿＿時＿＿分　～　＿＿時＿＿分　**〈着替え〉**□有　□無

〈出題方法〉　□肉声　□録音　□その他（　　　　　　）　**〈お手本〉**□有　□無

〈試験形態〉　□個別　□集団（　　　人程度）

〈会場図〉

〈内容〉

□サーキット運動

□走り　□跳び箱　□平均台　□ゴム跳び

□マット運動　□ボール運動　□なわ跳び

□クマ歩き

□グループ活動＿＿＿＿＿＿＿＿＿＿＿＿＿＿

□その他＿＿＿＿＿＿＿＿＿＿＿＿＿＿＿＿

●知能テスト・口頭試問

〈実施日〉 ＿＿月＿＿日 **〈時間〉** ＿＿時＿＿分 ～ ＿＿時＿＿分 **〈お手本〉** □有 □無

〈出題方法〉 □肉声 □録音 □その他（　　　　　　） **〈問題数〉** ＿＿枚 ＿＿問

分野	方法	内容	詳細・イラスト
(例) お話の記憶	☑筆記 □口頭	動物たちが待ち合わせをする話	(あらすじ) 動物たちが待ち合わせをした。最初にウサギさんが来た。次にイヌくんが、その次にネコさんが来た。最後にタヌキくんが来た。 (問題・イラスト) ３番目に来た動物は誰か 
お話の記憶	□筆記 □口頭		(あらすじ) (問題・イラスト)
図形	□筆記 □口頭		
言語	□筆記 □口頭		
常識	□筆記 □口頭		
数量	□筆記 □口頭		
推理	□筆記 □口頭		
その他	□筆記 □口頭		

●制作　（例）ぬり絵・お絵かき・工作遊びなど

〈実施日〉＿＿月＿＿日　〈時間〉＿＿時＿＿分　～　＿＿時＿＿分

〈出題方法〉　□肉声　□録音　□その他（　　　　　　）　〈お手本〉□有　□無

〈試験形態〉　□個別　□集団（　　　　人程度）

材料・道具	制作内容
□ハサミ □のり（□つぼ　□液体　□スティック） □セロハンテープ □鉛筆　□クレヨン（　色） □クーピーペン（　色） □サインペン（　色）□ □画用紙（□ A4　□ B4　□ A3 　　　□その他：　　　　　） □折り紙　□新聞紙　□粘土 □その他（　　　　　　）	□切る　□貼る　□塗る　□ちぎる　□結ぶ　□描く　□その他（　　　　　　） タイトル：＿＿＿＿＿＿＿＿＿＿＿＿

●面接

〈実施日〉＿＿月＿＿日　〈時間〉＿＿時＿＿分　～　＿＿時＿＿分　〈面接担当者〉＿＿＿名

〈試験形態〉□志願者のみ（　　）名　□保護者のみ　□親子同時　□親子別々

〈質問内容〉

□志望動機　□お子さまの様子

□家庭の教育方針

□志望校についての知識・理解

□その他（　　　　　　　　　　　）

（　詳　細　）

・

・

・

・

※試験会場の様子をご記入下さい。

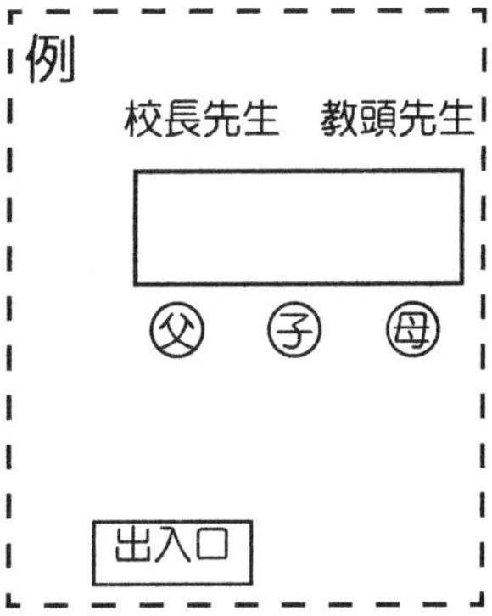

●保護者作文・アンケートの提出（有・無）

〈提出日〉　□面接直前　□出願時　□志願者考査中　□その他（　　　　　　　　）

〈下書き〉　□有　□無

〈アンケート内容〉

（記入例）当校を志望した理由はなんですか（150 字）

●説明会（□有　□無）〈開催日〉＿＿月＿＿日〈時間〉＿＿時＿＿分　～　＿＿時＿＿分

〈上履き〉　□要　□不要　〈願書配布〉　□有　□無　〈校舎見学〉　□有　□無

〈ご感想〉

●参加された学校行事（複数回答可）

公開授業〈開催日〉＿＿月＿＿日〈時間〉＿＿時＿＿分　～　＿＿時＿＿分

運動会など〈開催日〉＿＿月＿＿日〈時間〉＿＿時＿＿分　～　＿＿時＿＿分

学習発表会・音楽会など〈開催日〉＿＿月＿＿日〈時間〉＿＿時＿＿分　～　＿＿時＿＿分

〈ご感想〉

※是非参加したほうがよいと感じた行事について

●受験を終えてのご感想、今後受験される方へのアドバイス

※対策学習（重点的に学習しておいた方がよい分野）、当日準備しておいたほうがよい物など

＊＊＊＊＊＊＊＊＊＊＊＊＊　ご記入ありがとうございました　＊＊＊＊＊＊＊＊＊＊＊＊＊

必要事項をご記入の上、ポストにご投函ください。

なお、本アンケートの送付期限は入試終了後３ヶ月とさせていただきます。また、入試に関する情報の記入量が当社の基準に満たない場合、謝礼の送付ができないことがございます。あらかじめご了承ください。

ご住所：〒＿＿＿＿＿＿＿＿＿＿＿＿＿＿＿＿＿＿＿＿

お名前：＿＿＿＿＿＿＿＿＿＿＿＿　メール：＿＿＿＿＿＿＿＿＿＿＿＿

ＴＥＬ：＿＿＿＿＿＿＿＿＿＿＿＿　ＦＡＸ：＿＿＿＿＿＿＿＿＿＿＿＿

アンケートのご記入
ありがとうございました

ご記入頂いた個人に関する情報は、当社にて厳重に管理致します。弊社の個人情報取り扱いに関する詳細は、www.nichigaku.jp/policy.php の「個人情報の取り扱い」をご覧下さい。

分野別 小学入試練習帳 ジュニアウォッチャー

1．点・線図形	小学校入試で出題頻度の高い『点・線図形』の模写を、難易度の低いものから段階別に幅広く練習することができるように構成。
2．座標	図形の位置模写という作業を、難易度の低いものから段階別に練習できるように構成。
3．パズル	様々なパズルの問題を難易度の低いものから段階別に練習できるように構成。
4．同図形探し	小学校入試で出題頻度の高い、同図形選びの問題を繰り返し練習できるように構成。
5．回転・展開	図形などを回転、または展開したとき、形がどのように変化するかを学習し、理解を深められるように構成。
6．系列	数、図形などの様々な系列問題を、難易度の低いものから段階別に練習できるように構成。
7．迷路	迷路の問題を繰り返し練習できるように構成。
8．対称	対称に関する問題を４つのテーマに分類し、各テーマごとに問題を段階別に練習できるように構成。
9．合成	図形の合成に関する問題を、難易度の低いものから段階別に練習できるように構成。
10．四方からの観察	もの（立体）を様々な角度から見て、どのように見えるかを推理する問題を段階別に整理し、１つの形式で複数の問題を練習できるように構成。
11．いろいろな仲間	ものや動物、植物の共通点を見つけ、分類していく問題を中心に構成。
12．日常生活	日常生活における様々な問題を６つのテーマに分類し、各テーマごとに一つの問題形式で複数の問題を練習できるように構成。
13．時間の流れ	『時間』に着目し、様々なものごとは、時間が経過するとどのように変化するのかということを学習し、理解できるように構成。
14．数える	様々なものを『数える』ことから、数の多少の判定やかけ算、わり算の基礎までを練習できるように構成。
15．比較	比較に関する問題を５つのテーマ（数、高さ、長さ、量、重さ）に分類し、各テーマごとに問題を段階別に練習できるように構成。
16．積み木	数える対象を積み木に限定した問題集。
17．言葉の音遊び	言葉の音に関する問題を５つのテーマに分類し、各テーマごとに問題を段階別に練習できるように構成。
18．いろいろな言葉	表現力をより豊かにするいろいろな言葉として、擬態語や擬声語、同音異義語、反意語、数詞を取り上げた問題集。
19．お話の記憶	お話を聴いてその内容を記憶、理解し、設問に答える形式の問題集。
20．見る記憶・聴く記憶	「見て憶える」「聴いて憶える」という『記憶』分野に特化した問題集。
21．お話作り	いくつかの絵を元にしてお話を作る練習をして、想像力を養うことができるように構成。
22．想像画	描かれてある形や景色に好きな絵を描くことにより、想像力を養うことができるように構成。
23．切る・貼る・塗る	小学校入試で出題頻度の高い、はさみやのりなどを用いた巧緻性の問題を繰り返し練習できるように構成。
24・絵画	小学校入試で出題頻度の高い、お絵かきやぬり絵などクレヨンやクーピーペンを用いた巧緻性の問題を繰り返し練習できるように構成。
25．生活巧緻性	小学校入試で出題頻度の高い日常生活の様々な場面における巧緻性の問題集。
26．文字・数字	ひらがなの清音、濁音、拗音、拗長音、促音と１～20までの数字に焦点を絞り、練習できるように構成。
27．理科	小学校入試で出題頻度が高くなりつつある理科の問題を集めた問題集。
28．運動	出題頻度の高い運動問題を種目別に分けて構成。
29．行動観察	項目ごとに問題提起をし、「このような時はどうか、あるいはどう対処するのか」の観点から問いかける形式の問題集。
30．生活習慣	学校から家庭に提起された問題と思って、一問一問絵を見ながら話し合い、考える形式の問題集。
31．推理思考	数、量、言語、常識（含理科、一般）など、諸々のジャンルから問題を構成し、近年の小学校入試問題傾向に沿って構成。
32．ブラックボックス	箱や筒の中を通ると、どのようなお約束でどのように変化するかを推理・思考する問題集。
33．シーソー	重さの違うものをシーソーに乗せた時どちらに傾くのか、またどうすればシーソーは釣り合うのかを思考する基礎的な問題集。
34．季節	様々な行事や植物などを季節別に分類できるように知識をつける問題集。
35．重ね図形	小学校入試で頻繁に出題されている「図形を重ね合わせてできる形」についての問題を集めました。
36．同数発見	様々な物を数え「同じ数」を発見し、数の多少の判断や数の認識の基礎を学べるように構成した問題集。
37．選んで数える	数の学習の基本となる、いろいろなものの数を正しく数える学習を行う問題集。
38．たし算・ひき算１	数字を使わず、たし算とひき算の基礎を身につけるための問題集。
39．たし算・ひき算２	数字を使わず、たし算とひき算の基礎を身につけるための問題集。
40．数を分ける	数を等しく分ける問題です。等しく分けたときに余りが出るものもあります。
41．数の構成	ある数がどのような数で構成されているか学んでいきます。
42．一対多の対応	一対一の対応から、一対多の対応まで、かけ算の考え方の基礎学習を行います。
43．数のやりとり	あげたり、もらったり、数の変化をしっかりと学びます。
44．見えない数	指定された条件から数を導き出します。
45．図形分割	図形の分割に関する問題集。パズルや合成の分野にも通じる様々な問題を集めました。
46．回転図形	「回転図形」に関する問題集。やさしい問題から始め、いくつかの代表的なパターンから、段階を踏んで学習できるよう編集されています。
47．座標の移動	「マス目の指示通りに移動する問題」と「指示された数だけ移動する問題」を収録。
48．鏡図形	鏡で左右反転させた時の見え方を考えます。平面図形から立体図形、文字、絵まで。
49．しりとり	すべての学習の基礎となる「言葉」を学ぶこと、特に「語彙」を増やすことに重点をおき、さまざまなタイプの「しりとり」問題を集めました。
50．観覧車	観覧車やメリーゴーラウンドなどを舞台にした「回転系列」の問題集。「推理思考」分野の問題ですが、要素として「図形」や「数量」も含みます。
51．運筆①	鉛筆の持ち方を学び、点線なぞり、お手本を見ながらの模写で、線を引く練習をします。
52．運筆②	運筆①からさらに発展し、「欠所補完」や「迷路」などを楽しみながら、より複雑な鉛筆運びを習得することを目指します。
53．四方からの観察 積み木編	積み木を使用した「四方からの観察」に関する問題を練習できるように構成。
54．図形の構成	見本の図形がどのような部分によって形づくられているかを考えます。
55．理科②	理科的知識に関する問題を集中して練習する「常識」分野の問題集。
56．マナーとルール	道路や駅、公共の場でのマナー、安全や衛生に関する常識を学べるように構成。
57．置き換え	さまざまな具体的・抽象的事象を記号で表す「置き換え」の問題を扱います。
58．比較②	長さ・高さ・体積・数などを数学的な知識を使わず、論理的に推測する「比較」の問題を練習できるように構成。
59．欠所補完	線と線のつながり、欠けた絵に当てはまるものなどを求める「欠所補完」に取り組める問題集です。
60．言葉の音（おん）	しりとり、決まった順番の音をつなげるなど、「言葉の音」に関する問題に取り組める練習問題集です。

◆◆ニチガクのおすすめ問題集◆◆

より充実した家庭学習を目指し、ニチガクではさまざまな問題集をとりそろえております!!

サクセスウォッチャーズ（全18巻）

①～⑱
本体各￥2,200＋税

全9分野を「基礎必修編」「実力アップ編」の2巻でカバーした、合計18冊。

各巻80問と豊富な問題数に加え、他の問題集では掲載していない詳しいアドバイスが、お子さまを指導する際に役立ちます。

各ページが、すぐに使えるミシン目付き。本番を意識したドリルワークが可能です。

ジュニアウォッチャー（既刊60巻）

①～⑳（以下続刊）
本体各￥1,500＋税

入試出題頻度の高い9分野を、さらに60の項目にまで細分化。基礎学習に最適のシリーズ。

苦手分野におけるつまずきを、効率よく克服するための60冊です。

ポイントが絞られているため、無駄なく高い効果を得られます。

国立・私立NEWウォッチャーズ

言語／理科／図形／記憶
常識／数量／推理
本体各￥2,000＋税

シリーズ累計発行部数40万部以上を誇る大ベストセラー「ウォッチャーズシリーズ」の趣旨を引き継ぐ新シリーズ!!

実際に出題された過去問の「類題」を32問掲載。全問に「解答のポイント」付きだから家庭学習に最適です。「ミシン目」付き切り離し可能なプリント学習タイプ！

実践 ゆびさきトレーニング①・②・③

本体各￥2,500＋税

制作問題に特化した一冊。有名校が実際に出題した類似問題を35問掲載。

様々な道具の扱い（はさみ・のり・セロハンテープの使い方）から、手先・指先の訓練（ちぎる・貼る・塗る・切る・結ぶ）、また、表現することの楽しさも経験できる問題集です。

お話の記憶・読み聞かせ

［お話の記憶問題集］
中級／上級編
本体各￥2,000＋税

初級／過去類似編／ベスト30
本体各￥2,600＋税

1話5分の読み聞かせお話集①・②、入試実践編①
本体各￥1,800＋税

あらゆる学習に不可欠な、語彙力・集中力・記憶力・理解力・想像力を養うと言われているのが「お話の記憶」分野の問題。問題集は全問アドバイス付き。

分野別 苦手克服シリーズ（全6巻）

図形／数量／言語／
常識／記憶／推理
本体各￥2,000＋税

数量・図形・言語・常識・記憶の6分野。アンケートに基づいて、多くのお子さまがつまづきやすい苦手問題を、それぞれ40問掲載しました。

全問アドバイス付きですので、ご家庭において、そのつまづきを解消するためのプロセスも理解できます。

運動テスト・ノンペーパーテスト問題集

新 運動テスト問題集
本体￥2,200＋税

新 ノンペーパーテスト問題集
本体￥2,600＋税

ノンペーパーテストは国立・私立小学校で幅広く出題される、筆記用具を使用しない分野の問題を全40問掲載。

運動テスト問題集は運動分野に特化した問題集です。指示の理解や、ルールを守る訓練など、ポイントを押さえた学習に最適。全35問掲載。

口頭試問・面接テスト問題集

新 口頭試問・個別テスト問題集
本体￥2,500＋税

面接テスト問題集
本体￥2,000＋税

口頭試問は、主に個別テストとして口頭で出題解答を行うテスト形式。面接は、主に「考え」やふだんの「あり方」をたずねられるものです。

口頭で答える点は同じですが、内容は大きく異なります。想定する質問内容や答え方の幅を広げるために、どちらも手にとっていただきたい問題集です。

小学校受験 厳選難問集 ①・②

本体各￥2,600＋税

実際に出題された入試問題の中から、難易度の高い問題をピックアップし、アレンジした問題集。応用問題への挑戦は、基礎の理解度を測るだけでなく、お子さまの達成感・知的好奇心を触発します。

①は数量・図形・推理・言語、②は位置・常識・比較・記憶分野の難問を掲載。それぞれ40問。

国立小学校　対策問題集

国立小学校入試問題A・B・C
（全3巻）本体各￥3,282＋税

新 国立小学校直前集中講座
本体￥3,000＋税

国立小学校頻出の問題を厳選。細かな指導方法やアドバイスが掲載してあり、効率的な学習が進められます。「総集編」は難易度別にA～Cの3冊。付録のレーダーチャートにより得意・不得意を認識でき、国立小学校受験対策に最適です。入試直前の対策には「新 直前集中講座」！

おうちでチャレンジ ①・②

本体各￥1,800＋税

関西最大級の模擬試験である小学校受験標準テストのペーパー問題を編集した実力養成に最適な問題集。延べ受験者数10,000人以上のデータを分析しお子さまの習熟度・到達度を一目で判別。

保護者必読の特別アドバイス収録！

Q&Aシリーズ

『小学校受験で知っておくべき125のこと』
『小学校受験に関する保護者の悩みQ&A』
『新 小学校受験の入試面接Q&A』
『新 小学校受験 願書・アンケート文例集500』
本体各￥2,600＋税
『小学校受験のための
願書の書き方から面接まで』
本体￥2,500＋税

「知りたい！」「聞きたい！」「こんな時どうすれば…？」そんな疑問や悩みにお答えする、オススメの人気シリーズです。

書籍についてのご注文・お問い合わせ
☎ 03-5261-8951

http://www.nichigaku.jp
※ご注文方法、書籍についての詳細は、Webサイトをご覧ください。

日本学習図書　検索

『読み聞かせ』×『質問』＝『聞く力』

お話の記憶の練習に最適

1話5分の 読み聞かせお話集①②

「アラビアン・ナイト」「アンデルセン童話」「イソップ寓話」「グリム童話」、日本や各国の民話、昔話、偉人伝の中から、教育的な物語や、過去に小学校入試でも出題された有名なお話を中心に掲載。お話ごとに、内容に関連したお子さまへの質問も掲載しています。「読み聞かせ」を通して、お子さまの『聞く力』を伸ばすことを目指します。

①巻・②巻　各48話

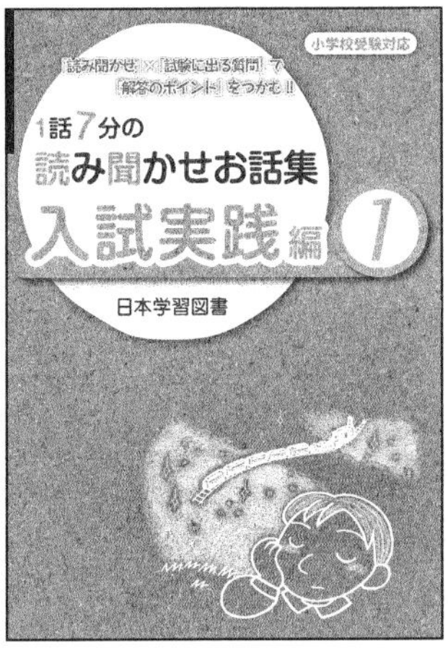

1話7分の読み聞かせお話集 入試実践編①

国立・私立小学校受験対応

最長1,700文字の長文のお話を掲載。有名でない＝「聞いたことのない」お話を聞くことで、『集中力』のアップを目指します。設問も、実際の試験を意識した設問としています。ペーパーテスト実施校の多くが「お話の記憶」の問題を出題します。毎日の「読み聞かせ」と「試験に出る質問」で、「解答のポイント」をつかんで臨みましょう！

50話収録

ニチガクの この5冊で受験準備も万全！

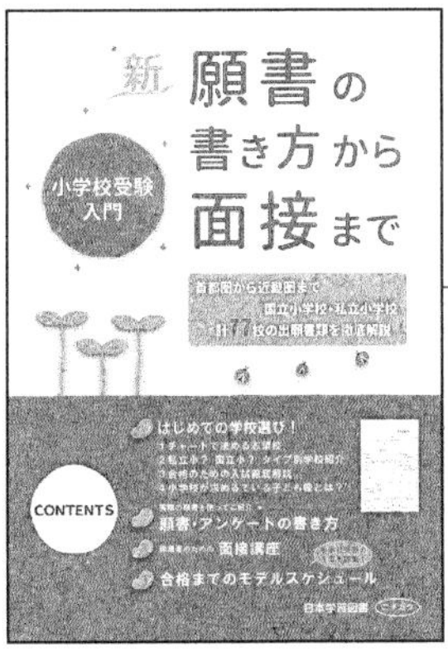

小学校受験入門 願書の書き方から面接まで　リニューアル版

主要私立・国立小学校の願書・面接内容を中心に、学校選びや入試の分野傾向、服装コーディネート、持ち物リストなども網羅し、受験準備全体をサポートします。

小学校受験で 知っておくべき 125のこと

小学校受験の基本から怪しい「ウワサ」まで、保護者の方々からの 125 の質問にていねいに解答。目からウロコのお受験本。

新　小学校受験の 入試面接Q＆A　リニューアル版

過去十数年に遡り、面接での質問内容を網羅。小学校別、父親・母親・志願者別、さらに学校のこと・志望動機・お子さまについてなど分野ごとに模範解答例やアドバイスを掲載。

新　願書・アンケート 文例集500　リニューアル版

有名私立小、難関国立小の願書やアンケートに記入するための適切な文例を、質問の項目別に収録。合格を掴むためのヒントが満載！願書を書く前に、ぜひ一度お読みください。

小学校受験に関する 保護者の悩みQ＆A

保護者の方約 1,000 人に、学習・生活・躾に関する悩みや問題を取材。その中から厳選した 200 例以上の悩みに、「ふだんの生活」と「入試直前」のアドバイス２本立てで悩みを解決。

日本学習図書株式会社